천부경天符經을 읽다

천부경天符經을 읽다

인쇄 2022년 7월 15일
발행 2022년 7월 20일

지은이 박장원
발행인 서정환
펴낸곳 신아출판사
주소 전북 전주시 완산구 공북 1길 16(태평동 251-30)
전화 (063) 275-4000 · 0484 · 6374
팩스 (063) 274-3131
이메일 shina2347@naver.com sina321@hanmail.net
출판등록 제465-1984-000004호
인쇄 · 제본 신아출판사

저작권자 ⓒ 2022, 박장원
이 책의 저작권은 저자에게 있습니다. 서면에 의한 저자의 허락없이 내용의 일부를
인용하거나 발췌하는 것을 금합니다.
COPYRIGHT ⓒ 2022, by Park Jangwoon
All rights reserved including the rights of reproduction in whole or in part in any form.
저자와 협의, 인지는 생략합니다.
잘못된 책은 바꿔 드립니다.

ISBN 979-11-92557-07-6 03810
값 20,000원

Printed in KOREA

천부경天符經을 읽다

박 장 원

어산於山 박용숙朴容淑 선생님에게

중앙아시아 알타이 박트리아에서 출토

인사말

《훈민정음, 소리를 그리다》
《반야심경般若心經, 다시 보다》
《천부경天符經을 읽다》

우리나라 역사와 문화를 알기 위해서, 나는 이 글을 썼다.
《훈민정음》은 국문학계에서,《반야심경》은 종교계에서,《천부경》은 재야 학계에서 큰 관심과 열정을 가지고 연구하는 주제이다.
이를 탐색하여 한국 인문학에서 가장 많은 저서와 논문도 나왔다.
그러나 아쉽게도, 감히 그 결과는 그림자 찾기에 불과하다고 여겨진다.
그림자를 좇는 것은 물론 나도 그렇다.

《훈민정음, 소리를 그리다》를 엮으면서 많은 어려움을 느꼈다.
그러나 5년에 걸친 공부는 즐겁고도 뿌듯하였다.
바른 음인 정음正音, 완벽한 문자를 통해 나름 한국 고유 위대한 역사와 철학을 감지할 수 있었기 때문이다. 세종대왕이 창제한 언문諺文28자의 깊은 의미를 가늠하면서 서역왕자西域王子 구마라집鳩摩羅什《마하반야반라밀대명주경摩訶般若波羅蜜大明咒經》을 다시 읽었다. 불교도는 아니지만, 그동안 살아오면서 귀동냥도 적지 않았다.
깜냥에 이제는 모르는 것을 모른다고 부끄러움 없이 말한다.
전에는 누가 뭐라 하면, 알지도 못하면서 그냥 그런가 보다 하였다.
그래서《반야심경般若心經, 다시 보다》를 하였다.

그리고 《천부경》 81자는 위대한 조선이 추구하고 사랑하였던 우리 역사를 열어 줄 숨겨진 소중한 소재라 생각하였다. 위서라는 논쟁도 적지 않고, 짧은 《천부경》에서 종횡으로 엇갈리는 '수數'의 항렬行列에 대하여서도 잘 모른다.
그렇다고 어느 누가 잘 아는 것 같지도 않다.
나는 《훈민정음》과 《반야심경》에서 얻은 짐작으로 《천부경》에서 어둠과 밝음을 대조하였다.

하늘은 본다.
천문학에서는 은하수를 Our Galaxy라 한다.
우리 우주다.
우리 하늘 무늬를 읽고 읽는다.

그리고 신아출판사 서정환 선생님에게 다시 한 번 인사드린다.

《훈민정음, 소리를 그리다》
《반야심경般若心經, 다시 보다》
《천부경天符經을 읽다》

이 세 권을 출간하는데, 선생님의 격려가 큰 힘이 되었다.
두고두고 감사할 일이다.
부디 이 소박한 연구가 대한민국 조선의 역사와 뿌리를 환히 밝히는 쏘시개가 되기를 간절히 기원한다.

2022년 추분절에
박 장 원

시작하면서

2018년 4월, 어산 박용숙 선생님을 만났다.

《천부경81자바라밀》을 읽고 꼭 뵙고 싶다고 하였고, 선생님은 종로 어느 찻집에서 만나자고 하셨다. 그 무렵 나는 《훈민정음, 소리를 그리다》를 쓰면서 《훈민정음해례訓民正音解例》와 씨름하고 있었다.

모르는 것이 많았다.

특히 우리 역사와 문화가 깜깜하였다.

누구한테 물어보고 싶지만, 그럴 데도 없었다.

그런데 선생님과 대화는 재미있으면서, 그 깊이가 무궁무진하였다.

"박선생, 두메산골에서 '두메'가 무슨 뜻인지 알아요."
"…."

아무도 살지 않는 '깡촌'이 바로 '두메'가 아니냐고 대답하려다가, 모른다고 하였다.

'두메'는 우리가 말하는 돔Dome이라 하셨다.

선생님 《천부경81자바라밀》이야기이다.

"영국의 고고학자 에번스는 지중해 크레타섬에서 거대한 돔을 발견하였는데, 돔은 문자 그대로 엎어놓은 돌사발이다. 이 돔은 북극권을 뜻하는 천개天蓋라고 하였다. 에번스의 이 엎어놓은 돌사발을 그리스인들은 톨로스Tholos라고 부른다. 톨로스는 천국이라는 뜻으로 신화에서는 제우스를 의미하는 수소[雄牛]로 통한다 … 경주의 석굴암은 영국의 에반스가 발굴한 돌사발의 복제품이라 하여도 과언이 아니다. 크레타섬과 경주의 돌사발은 모두 춘추분점을 의미하는 마고의 십자축을 공유하고 있다. 지구의 좌표로 위도 35도의 서쪽에 크레타섬이 있고 동쪽에 경주의 석굴암이 있다. 석굴암에는 말뚝 대신 가부좌한 불상이 놓여 있다. 불상의 이마에는 커다란 보석이 박혀 있다. 구슬은 좀생이혼을 품은 자궁이고, 앞에서 언급한 12연기緣起를 보는 시침時針이다."

지중해와 경주에서 돌사발은 무슨 관계이고, 마고 십자축과 석굴암 그리고 말뚝은 어떤 관계인가.

2018년 3월 3일, 어느 일간지에 흥미로운 기사가 실렸다.
30년 동안 한국과 중국 그리고 일본 뒷간과 우물을 들여다보았다는 어느 학자 이야기를 소개한 것이다.

"한국의 우물문화 쇠퇴를 보여주는 다른 예는 석굴암 본존불 아래 있던 요내정遙乃井이 사라진 것이다. 요내정은 부처님께 바치는 샘물인 알가정閼伽井이었고, 석굴암을 만든 김대성은 그 위에 불상을 앉혔다. 그런데 일제강점기 보수공사를 하면서 우물을 없애고 관을 묻어서 밖으로 빼냈다. 그리고 1960년대 석굴암에서 200m 아래 배수구를 만들어 감로수甘露水라는 얼토당토않은 이름을 붙였다."

산사에 가면 우물 옆에 감천수甘泉水도 아닌 감로수甘露水라는 이름을 돌에다 새겨 놓은 것은, 일본인들이 우리 고유 요내정을 그리 엉뚱하게 하였다는 것은 다 알고 있는 사실이다. 그런데 석굴암 본존불 밑 샘물 알가정이 있었다는 이야기는 자못 흥미로웠다.
우리나라 사찰 전각은 물론 요사채는 반드시 우물마루를 조성한다.
다른 말로 하자면, 석굴암 본존불 아래 있던 요내정遙乃井 대신 우물마루를 깐 것이다. 그리고 천정天井이 있으니, 대웅전 본존불 아래도 위에도 우물이 있는 셈이다.

우물은 도대체 무엇인가.
그런데 선생님 신화는 더욱 재미있다.

"우물이라는 말을 '움'과 '울'로 분리하면 '움'은 빛이 봉쇄된 굴이나, 기둥을 세워서 만든 움막 속을 연상케 한다. 실제로 우물도 뚜껑을 닫으면 암흑의 공간이다. '움'은 곧 돌을 쌓아 엎어놓은 바가지 모양으로 만든 돔(Dome) 형식의 사원건축을 가리킨다. 우리에게서는 고분으로 나타난다. 고분은 빛이 밀폐된 공간으로 그 내부 역시 엎어놓은 사발모양의 움이다. 이런 움을 만들기 위하여 고분의 위를 목재로 정#자를 만들며 서로 어긋나게 반복 쌓아 점층적으로 크기를 줄여간다. 그렇게 되면 돔 모양의 천정을 만들 수 있다. 우리 쌍영총雙楹塚이 좋은 모델이다. 실제로 고고학은 이런 고분을 천정양식天井樣式이라고 한다."

고분은 엎어놓은 사발모양 움이며 돔이라 한다.
이런 돔을 만들기 위해서 나무로 '정#'자를 만들며 서로 어긋나게 반복 쌓아 점층적으로 크기를 줄여나가 천정(Zenith)을 만들 수 있다고 하였다. 그렇다면 석굴암은 위에도 아래도 우물인 알가정이 있으니, 한편으로는 하늘로 한편으로는 땅속으로 사람을 살리는 새싹 같은 움을 틔우기 위해 우물을 만들었다는 그야말로 옛날이야기다.

《천부경81자바라밀》에서는《천부경》이 불교 핵심 내용인 반야바라밀般若波羅蜜과 어우러진다고 어산은 강조한다. 아니 단도직입적으로 천부경81자는 반야바라밀이라 하였다.《반야심경》은 아뇩다라삼먁삼보리阿耨多羅三藐三菩提 아홉 '수數'를 만나는 감격에서 바라밀이라며, 바라밀은 '저 언덕에 이르다到彼岸' '더 없는 극치에 이르다度無極' '일이 완전히 끝나다事究竟'라는 뜻이라 말한다. 굳이 말하자면 다람쥐 쳇바퀴 돌 듯하지만, 멈춤이 없이 자전·공전하는 지구라는 맷돌을 탔다고 느끼는 순간 해탈자는 중생의 암담한 세상에서 벗어나 저 언덕[彼岸]에 도달하는 것이니, 그것이 바로 일승一乘이라 강조한다.

새로운 해석이니, 이러한 줄거리를 이해하자면 적지 않은 시간이 필요하다.

일승一乘은 그냥 자전하는 지구를 탔다는 깨달음이 아니라 그때 그 시간에 우주궤도에서 지구가 어떤 곳에 왔는지를 헤아린다는 뜻이라 한다. 지금 그 현주소를 정확히 파악하는 장치가 아함阿含이라 한다.

아함은 곧 돌무덤처럼 생긴 돔이니 바로 움이라는 것이다.

선생님은 자호 '어산於山' 의미를 자세히 설명하셨다.

'어於'는 사방을 뜻하는 방方, 중심을 뜻하는 '인人', 춘추분점을 뜻하는 '이二'로 이루어졌고, 사방을 뜻하는 방方은 금성이 일 년에 두 번 다니는 천도天道인 33천을 말하는데, 고고학에서는 이 위도가 35도 그리고 상하 10도 정도이다. 그 범위를 고고학자들은 새벽별이 다니는 황금벨트라 부른다고 한다.

산山을 일본에서는 산왕山王이라고도 말한다.

'산山'과 '왕王' 두 글자는 같은 의미인데, 두 글자 모두가 '삼三'이 하나로 연결되어 있기 때문이라 이야기한다.

봉우리가 적어도 세 개는 있어야 '산山'이라 부른다는 정도쯤으로 알고 있었던 나는 머리가 복잡해진다. 선생님과 대화하기 위하여 《천부경81자 바라밀》 그리고 선생님 역작인 《샤먼제국》과 《샤먼문명》을 꼼꼼히 읽었지만, 막상 마주 앉아보면 사방팔방 무엇이 무엇인지 잘 몰랐다.

선생님은 특히 천문天文에 관한 주제에서는 흥분하신다.

"박선생. 누각樓閣에는 별 이름과 관계되는 '루婁'가 있는데, 누각은 소위 양반님네들이 음풍농월하던 곳이 아니라, 조그만 천문대라 할 수 있어요."
"그러면 '수數'는 별[婁]의 무늬[文]라 할 수 있습니까."

어설펐지만 유쾌한 대화를 마치고 헤어질 때, 선생님은 자주 만나자 하셨다.
불감청고소원이었다.
전화를 드렸고, 기회가 될 때마다 선생님을 뵈었다.
췌장이 안 좋은 선생님은 외식을 하지 않으셨다.
냉면집에서 한번 만났을 뿐, 선생님은 땅거미가 지면 총총히 종로3가역에서 지하철 타고서 잠실 댁으로 가셨다.
2018년 7월, 3년 만에 《훈민정음, 소리를 그리다》가 출간되었다.
선생님, 무더운 여름날 눈이 나빠 돋보기로 한 자 한 자 읽어보았다고 하셨다.
고마웠다.

《천부경天符經을 읽다》.
이 어설픈 작업은 2018년 《소동》에서 출간된 어산 박용숙의 《천부경81자 바라밀》 독후감일 뿐이다.
선생님에게 누만 안 된다면, 그것으로도 행복하다.

2018년 11월 1일 목요일.
그날도 선생님과 나는 찻집에서 만나 몇 시간 동안 대화를 이어가고 있었다.
그런데 이야기가 다른 날과 사뭇 달랐다.
함경남도 고향 그리고 목수 아버지의 결혼.

6·25 전쟁 무렵 두 번 입대하여 미군 특수공작원 활동하다가 총상으로 죽을 뻔하였고, 군종병으로 교회에서 책만 읽다가 제대하였다는 내력.

중앙일보에 미술평론이 당선되어 미대 교수가 된 이야기.

안식년 샌프란시스코 버클리에서 책방을 섭렵하였던 추억 등이다.

그리고 학계에서는 자신 이론과 학문이 마구잡이로 잘려 나가고 도용되던 기막힌 상황을 말씀하셨다.

그런데 헤어질 때, 선생님은 뜻밖의 이야기를 하신다.

정확하게 그 이야기를 옮기지 못하지만, 아래와 같은 짤막한 당부였다.

'내 이야기를 누가 이어 주어야 하는데, 그럴 사람이 없어요. 그래서 부탁인데, 박선생이 내 뒤를 맡아주면 좋겠다.'

이렇게 대답하였다.

선생님 아니면 누가 이런 이야기를 할 수 있겠느냐.

오래도록 건강하셔서 선생님이 수수께끼 같은 세계신화를 바르게 밝혀 주셔야 된다.

11월 5일에 다시 만나기로 약속하고서 선생님과 헤어졌다.

그런데 다음날 11월 2일 금요일 오전, 선생님이 전화하셨다.

몸이 좀 안 좋아서 그러니, 미안하지만 약속을 하루 연기하자고 하셨다.

그리고 11월 5일 아침, 텔레비전 하단 자막에 선생님 발인을 알리는 부고 訃告가 떴다.

11월 3일 토요일, 돌아가신 것이다.
청계산 자락 서울추모원으로 달려갔다.

가을은 깊은데, 선생님은 연화대蓮華臺에 오르려고 누워 계셨다.

진정한 학자.
빛과 그림자 조화를 꽃피운 무명無明의 모더니스트.
선생님은 이제 저편 거대한 우주의 바퀴에 올라타신 것이다.

천부경天符經을 읽다

차례

인사말 9
시작하면서 11

1 천부경天符經은 무엇인가 23
2 천부경天符經은 어렵다 51
3 천부경天符經수에서 數는 무엇인가 67
4 수數에 대하여 87
5 천부경天符經이란 무엇인가 134
6 박용숙朴容淑은 천부경天符經을 어떻게 풀었는가 163
7 천부경天符經을 읽고나서 211

나가면서 230

1
천부경天符經은 무엇인가

1 천부경天符經은 무엇인가

《천부경天符經》.

쐐기문자로 기록된 세계 최초 경전《천부경》이 우리에게 전해질 수 있었던 것은 발해渤海 대야발大野勃(생몰년 미상)의 역사적 신념이다. 그리고 신라新羅 최치원崔致遠(857-?) 역할이라고도 할 수 있다.

조선朝鮮 이맥李陌(1455-1528)이《태백일사太白逸史》에《천부경》존재를 정식으로 등재하였다고 하는데, 여기서는 대야발《단기고사檀奇古史》내용을 중심으로 이야기한다.

《천부경》을 대야발《단기고사》제1편 〈전前 단군조선檀君朝鮮〉에서 이렇게 설명한다.

"환씨전桓氏典에, 부여족夫餘族이 태백산太白山 부근에 흩어져 살았는데, 그 중 환인桓因은 관대하고 도량이 커서 가옥의 건축과 의복제도를 시작하고, 아들 환웅桓雄을 낳으니, 그 뛰어난 모습을 호걸이라 했다.

아버지의 분부를 받들어 사람을 널리 구제하니, 풍백風伯과 운사雲師와 뇌공雷公들을 거느리고 천평天坪(지금의 길림吉林 동쪽)에 이르러 음식절차飮食節次와 혼인규례를 창설하고 천부경天符經(우리나라 고대로부터 내려오는 신묘한 경전, 81자로 되어 있고 우주의 창조원리 곧 하늘과 땅과 사람의 생성원리를 적었다)을 설교하니, 사방 사람들이 구름같이 모여들어 듣는 자가 많았다."

부여족 내력이 어떤 범위와 성격인지는 분명하지는 않지만, 우리에게는 정말 친숙하고도 소중한 이름이다. 그리고 환인 아들 환웅이 천평, 지금 길림성 동쪽에서 《천부경》을 설교하였다고 밝힌다. 즉 《천부경》이 환인 조상에서 시작되었으니, 고대부터 있었던 경전이라는 것이다.

다른 말로 세계 최초 경서라는 말도 된다.

《단기고사》를 우리말로 옮긴 고동영高東永은 다음과 같은 이야기를 하고 있다.

> "《단기고사檀奇古史》는 발해의 대야발이 천통31년(서기727)에 쓴 책이다. 처음에는 발해문이었으나 경흥8년(서기825)에 황조복이 한문으로 옮겼다. 이 한문본이 긴 세월 전해오다가 광복 후(서기1949) 김두화·이관구 선생 두 분이 국한문으로 펴낸 것을 누구든지 이해할 수 있도록 한글로 옮겼다."

고동영은 《단기고사》가 발해문渤海文이었다고 한다.

무엇에 근거하여 이런 이야기를 하는지는 몰라도, 발해문에서 한자로 다시 한문에서 국한문 그리고 한글로 옮겨졌다는 이야기는 틀림없다.

건흥建興8년(서기825) 4월. 발해 대문호 황조복皇祚福이 발해문으로 쓴 대야발 《단기고사》는 한문으로 옮겨지고, 장상걸張上傑이 주석을 달았다는 이야기에 근거하면, 오랜 세월 여러 과정을 거치면서, 《천부경》 본래 의도하였던 내용이 똑바로 제대로 전해졌는지는 누구도 모를 일이라 할 수도 있다.

어산 박용숙은 《단기고사》를 우리말로 옮김에 대하여 적지 않은 부분이 미심쩍다고 하였다. 《단기고사》를 우리말로 하여 많은 사람이 읽도록 한 공적은 백번 공감하지만, 지나친 애국심으로 세계사 중심을 오롯이 한반도로 국한시켜 과장된 번역이 적지 않았음이 안타깝고 속상하다고 지적하였다.

어산 박용숙은 1976년 일지사에서 《한국고대미술문화사론韓國古代美術文化史論》을 출간하였다. 그 저서에서는 《상고문화사》에서 간행한 정해박鄭海珀 《단기고사檀奇古史》를 인용하였다고 밝혔다.

정해박은 1959년 민족적 자긍심이 소위 대륙 중국문화에 비해 뒤떨어지게 평가되는 것을 비분강개하여, 한문본《단기고사》를 번역하였다고 한다. 그러나 지금 어디에도 발해본은 물론 한문본도 남아있지 않으므로, 진정 사료적 가치가 의심스럽다는 학계 일반적인 평가이다. 그러나 정해박의 그 구성이 긴밀하고, 문체가 유려하여 많은 사람들이 즐겨 인용하고 있다는 이야기다. 그리고 1986년《한뿌리》에서 고동영에 의해 한글본이 출간되는데, 정해박과는 전혀 다른 내용이라 한다.

어산 박용숙이《천부경》에 관심 가지게 된 계기와 시간이 분명하지는 않으나, 1970년대부터가 아닐까 생각된다. 그 무렵 어산은 전병훈全秉薰의《정신철학통편精神哲學通編》을 소개하였기 때문이다. 그리고 1976년 부제를 '샤머니즘 연구'라 하고서《한국고대미술문화사론》를 출간한다. 미대교수로서 전문적 미술평론집이라 할 수 있겠지만, 사실 샤머니즘에 근거한《천부경》 해설서이다.

즉《한국고대미술문화사론》은《천부경81자바라밀》을 탄생시키는 초석이 되었던 것이다. 그런데 특이한 것은 이《한국고대미술문화사론》에서는 어산이 '삼사성환오칠일묘연三四成環五七一妙衍'이《천부경》에서 주제어라고 밝히지 않은 사실이다. 다시 말해서 어산은《천부경》을 이야기하면서 '삼사성환오칠일묘연'이 주제어라는 근거나 출처를 어디에서도 소상히 말하지 않고 그냥 넘어갔다는 것이다.

김부식金富軾이 《삼국유사三國遺事》에서 인용한 《고기古記》에서는 환웅이 《천부경》 81자를 설교하자, 사방에서 사람들이 구름같이 모였다고 하였다. 또 신시시대神市時代 복희伏羲와 동문이었다는 발귀리發貴理 선인仙人 후손 자부紫夫가 이 《천부경》을 법문法文으로 옮겼으며, 또 자부가 오행수리五行數理를 바탕으로 칠성력七星曆이라 하였으니, 이를 환력桓曆이라 불렀다고 한다.

여기에서 천문학자 자부가 옮겼다는 법문은 무엇인가.

아무튼 《천부경》은 환인시대 부도符屠에서 환웅 《천부경》으로, 《천부경》은 다시 〈하도河圖〉와 〈삼일신고三一神誥〉 그리고 〈낙서洛書〉와 〈홍범구주洪範九疇〉로 이어진 우리 최고 경전이라 한다.

결론적으로 환인시대 부도 내용이 올곧게 전해진 것이 바로 환웅 《천부경》이라는 것이다.

대야발大野勃.

대야발 《단기고사檀奇古史》.

대야발은 해가 뜨는 발해를 건국한 대조영大祚榮 동생이다.

대조영이 무장이었다면, 대야발은 문관인 셈이다.

진국振國 또는 진국震國이라 하였던 발해는 698년부터 926년까지 한반도 북부 그리고 만주와 연해주에 존속하며 남북국을 이루었다는 고대국가이며, 고구려가 멸망한지 30년이 지난 698년에 건국되었다는 것이 역사적 기록이다.

어산 박용숙의 《천부경81자바라밀》을 읽으면서 고조선 역사와 근거지의 새로운 정의를 어렴풋이라도 파악하지 못하면, 어산이 말하는 천부경81자는 난해한 암호가 된다고 한다. 우선 발해를 지금 한반도 북부 그리고 만주와 연해주 부근이라 말하는 세계관을 어산은 결코 인정하지 않는다. 이렇게 비참한 식민주의사관에 걸맞는 대한민국의 어두운 시간이 멀리는 사마천司馬遷

(기원전145?-기원전85?)의 《사기史記》와 가까이는 《삼국사기三國史記》 김부식金富軾(1075-1151)과 《삼국유사三國遺事》 일연一然(1206-1289)의 불분명하고도 패배적인 국가관에 의한 터무니없는 결과라고 어산은 《샤먼제국》에서 논리적으로 언급한다.

어산 박용숙은 《샤먼제국》에서 발해를 아래와 같이 설명한다.

"발해渤海는 해가 떠오르는 동쪽 바다라는 뜻으로 아르메니아 카스피해 동쪽 소그디아나이고, 백제 기록에서는 마한이라고 나온다. 이곳에서 고구려 태조왕太祖王이 다시 고구려를 일으킨다. 오늘날의 투르크메니스탄과 우즈베키스탄이다. 일연의 기사는 말갈(로마)과 신라(박트리아 지역) 그리고 고구려가 파르티아를 분할하여 서로 국경을 맞대는 상황인 것이다. 김부식의 기록을 참고하면 백제의 왕족은 이때 위례성으로 도주했던 것으로 추단된다."

발해 근원지가 한반도 북부 그리고 만주와 연해주 부근이 아니라, 바로 카스피해Caspian Sea 동쪽이라는 어산의 주장이다. 찬란한 파르티아Patria 제국을 세웠던 위대한 백제百濟가 위례성慰禮城으로 후퇴하고, 그곳을 로마 말갈족과 박트리아Bactriana를 호령하였던 신라 그리고 고구려가 서로 국경을 마주하였다고 한다. 그리고 백제가 도주하였던 위례성 위치는 지금 서울 한강 위례지역 언저리가 아니라 오늘날 우즈베키스탄Uzbekistan과 투르크메니스탄Turkmenistan 권역이며, 이 지역 주인공은 서진西晉을 이은 동진東晉에서의 세력이라 말한다. 즉 파르티아에서 작전상 후퇴한 백제계 세력이 졸본卒本인 투루판과 누란樓蘭 그리고 돈황燉皇 막고굴을 거쳐 중국 서안西安을 기점 삼아 중원中原으로 이동하여 자웅을 겨루었던 피비린내 나는 오호십육국五胡十六國 시대를 열었다는 줄거리이다. 특히 '오호五胡'는 다섯 무리 소위 오랑캐족이라고도 할 수 있으나, 정확히는 오방五方을 숭상하는 위대한 다섯 부족이라는 설명이 타당하다는 것이다. 이렇게 역사적으로 지리적으로 얼기설기 역사와 세계사 정돈을 마치면, 김부식과 김일연이 기록하였던 삼국시대 천문기록이 중국 중원에서 일어났다는 관측과 정확하게 맞아떨어진다는 것이다. 이러한 불가사의한 역사적·지리적 배경에 근거하면 《천부경》은 적어도 10,000년 전 기록이라고 할 수도 있다는 주장이다.

아무튼 818년 10대 선왕宣王(대인수大仁秀818-830)이 즉위하면서 발해는 해동성국海東盛國이라 불리웠다. 연호를 건흥으로 삼은 대인수 증조부가 바로 대야발이다.

반안군왕盤安君王 대야발은 천통天統31년 3월 3일 서문을 쓴다.

"신이 삼가 생각하기로는, 당나라 장군 소정방蘇定方과 설인귀薛仁貴를 몹시 원망스럽게 여기는 이유는, 백제와 고구려를 멸망시킬 때에 그 국서고國書庫를 부수고 단기고사檀奇古史와 고구려·백제사를 전부 불태워버렸기 때문입니다.
　신이 다시 고대사를 편집하고자 하여 여러 의견과 많은 사기史記를 참고하여 그 윤곽을 잡았습니다.
　오직 임금께서는 타고난 영특하고 늠름한 자태로써 단기檀奇의 계통을 이어 천하의 살만한 곳을 정하시고, 황상黃裳을 드리워 입으시며, 천훈天訓의 경급瓊笈과 신한宸翰의 보찬寶贊을 받들어 모을 때에, 신에게 명을 내리시어 서문序文을 지으라 하셨습니다. 이 해에 또 말씀이 계셔서 단기고사檀奇古史를 편찬하라 하시니, 신은 황공히 그 말씀을 받들어 사해四海에 널려있는 사서를 수집하고, 여러 역사적 평론을 참고하여 의심되는 것은 빼고 있었던 일만을 기록하여 13년이 걸려 비로소 완성하였으니, 오호라! 이 글이 어찌 우연히 되었겠습니까 … 신이 명을 받든지 13년 동안 주야로 근심과 걱정을 하며, 부탁을 어길까 두려워 여러 곳을 돌아다니며, 석실石室에 있는 장서와 옛 비와 흩어져 있던 사서를 참고하다가 돌궐국突厥國에 까지 두 번 들어가 고적을 탐사하여 이 책을 저술하였습니다. 그 원본은 임금께 올려 목판에 글자를 파서 국서고에 두고 또 그것을 베껴서 백성을 가르침으로 국민의 역사의식의 만분의 일이라도 도왔습니다."

이 문장의 '당나라 장군 소정방과 설인귀를 몹시 원망스럽게 여기는 이유에서, 백제와 고구려를 멸망시킬 때'에서 신라 김인문金仁問(629-684)과 당나라 즉 나당羅唐 연합군이 백제와 고구려를 초토화시킨 권역을 우즈베키스탄 호레즘Khoresm인 찬란한 고대도시 소그디아나Sogdiana, 지금의 카스피해 동쪽 히바Khiva라고 어산은 주장한다.

이런 엄청난 줄거리가 허황한 역사관으로 전락한다면, 어산의 모든 이야기는 상상력에 의한 소산으로 매도당할 일이다.

그리고 어산은 그것을 정말로 잘 알고 있다.

대조영은 발해 역사의 정통성을 파악하기 위하여 《단기고사》를 편찬하라고 대야발에게 명한다. 형인 군주의 명을 받들어 대야발은 13년간 세상을 유람하면서 고구려와 백제 그리고 신라의 역사를 본격적으로 탐색한다. 당나라 소정방과 설인귀가 백제와 고구려를 멸망시킬 때, 단기고사와 고구려·백제사 전부를 불태워버린 것을 원망하며, 대야발은 석실에 있는 장서와 옛 비석과 흩어져 있던 사서를 참고하였고, 돌궐국에 두 번 들어가 고적을 탐사하여 잃어버린 시간을 조합하였다.

무엇보다도 여기에서 언급하는 돌궐국 경계를 어디라고 정확히 말할 수는 없다. 특히 삼척동자도 알고 있는 '당나라 소정방과 설인귀가 백제와 고구려를 멸망시킬 때'라는 대목에서는 식민사관 주변인 한반도 한강과 낙동강 그리고 금강 유역을 벗어나지 못하는 패배적 역사관을 우리는 떨쳐내지 못하고 있는 것도 엄연한 사실이 아닌가.

때문에 어산 박용숙의 이야기는 진정 소중하다.

대야발이 《단기고사》를 쓰기 위해 오늘의 중앙아시아와 돌궐로 들어갔다는 것은 엄연한 기록이다. 중앙아시아는 엎어놓은 돌사발 사원이 즐비한 곳이고, 돌궐 땅은 마고 역사 무대로 사실상 고대 인류문명 성지이다. 대야발은 그곳을 돌아다니며 옛 비문과 유적인 점토판문서를 조사하여 《천부경》 81자와 고조선 역사를 기록하였다고 한다. 논리적으로 돌궐은 중앙아시아보다는 서쪽 고조선 본방本邦 소아시아 아나톨리아Anatolia가 있었던 지중해地中海(Mediterranean Sea)와 가깝다고 하여야 맞다는 어산의 논리이다. 돌궐突厥을 혹여 만주벌판이나 누비던 소위 오랑캐 약탈족으로 치부한다면, 그야말로 천부경81자는 공허한 수수께끼 숫자놀음이 되고 만다는 것이다.

우리 선조의 발해는 진정 지금의 어디인가.

대야발은 《천부경》이 들어있는, 단군시대 역사 《단기고사》를 쐐기문자로 기록했고, 뒷날 신라 말 최치원이 이를 한자로 번역하여 전해진 것이 오늘날의 《천부경》이라고 한다. 확실한 것은 어산이 강조하건대, 대야발의 기록문서는 수메르Sumer · 바빌로니아Babylonia의 천문학 이야기를 전하고 있다는 사실이라는 것이다.

그렇다면 최치원은 누구인가.

어산 박용숙은 고운의 종교관을 이렇게 말한다.

> "신라 말의 학자 최치원이 '신라 고대의 영험한 종교(신교神敎)가 동력을 잃으면서 거기에서 불교나 도교 같은 종교가 나왔다고 하였다."

신라 고대 영험한 종교인 신교가 동력을 잃었다는 주장은 아마도 어산의 평생 주제일 것이다. 그 이야기가 《샤먼제국》과 《샤먼문명》으로 엄청나고도 긴박한 파노라마처럼 조명되었다. 특히 어산의 《샤먼문명》은 우리나라 모더니즘 인문학에서 불멸의 전무후무한 역작이라 감히 주장하고 싶다.

아무튼 그런 엄청난 주장을 하였던 해동공자 최치원이 어떻게 최후를 맞이하였는지 사람들은 모른다고 한다. 다시 말해서, 그는 신라시대 그리고 로마 카톨릭에서 마녀같은 이단적 지식인이었던 것이다. 최치원 그는 불교 이전 소위 전불시대前佛時代의 실체를 파악하였다는 말도 된다. 변모된 신교인 불교를 그가 용납할 수 없던 것이었다면, 고운의 평가는 당연히 달라져야 한다.

천통(대조영 성무고황제聖武高皇帝의 연호) 17년, 714년 3월 3일.
대야발은 〈삼일신고서三一神誥序〉를 짓는다.
대조영은 배달겨레의 경전 《신사기神事記》 등을 가지고, 단군이 지은 〈삼일신고예찬三一神誥禮讚〉을 첨부한 《삼일신고三一神誥》 해설집 등 민족 경전을 보본단補本壇 돌집 속에 간직하였다고 한다. 《삼일신고》는 〈천훈天訓〉·〈신훈神訓〉·〈천궁훈天宮訓〉·〈세계훈世界訓〉·〈진리훈眞理訓〉 등 366자로 구성되었다. 《삼일신고》는 신시 환웅이 〈한울(천훈)〉·〈한얼(신훈)〉·〈한울집(천궁훈)〉·〈누리(세계훈)〉·〈참이치(진리훈)〉 등 다섯 가지를 삼천단부三千團部 만백성에게 전하는 가르침이라 한다.
《삼일신고》〈진리훈〉에 이런 글귀가 있다.

"사람과 물건 똑같이 삼진을 받았으니,
성명정이라 한다.
사람은 그것을 온전하게 받았으나, 물건은 그것을 치우치게 받았다.
人物 同受三眞, 曰性命精. 人全之 物偏之."

이 문장에서 중요한 것은 '인전지人全之'이다.
사물은 편벽되지만, 사람은 온전한 개체라는 것이다.
즉 삼라만상 가운데 오직 사람만이 하늘과 같은 존재라는 설명이다.
이를 근거하여, 천지의 조화를 강조한 《천부경》이 있으면 인체 신비가 새겨진 《인부경人符經》도 가능하다는 것이 어산 주장이다.

대야발이 기원전 1,700년경 제13세 단군 흘달屹達에 관한 기록에서 단군제석단군제釋이 신선神仙인 천문학자 유위자有爲子로부터 도道를 묻는 상황을 말하면서 《인부경》을 처음으로 거론한다. 그리고 《천부경》이 수메르·바빌로니아시대 천문학과 관련 있음도 언급하였다. 어산은 발해의 대야발은 수메르·바빌로니아시대의 천문을 알고 있는 학자라 주장한다. 다시 말해서 대야발은 점토판에 기록된 쐐기문자들을 읽었으며, 이를 근거로 《천부경》이 단순한 천문이론이 아니고 천인일체天人一體의 대경대법大經大法이라 선언하였다고 어산은 말하는 것이다. 즉 지구의 자전과 공전 이치를 우리 인체의 구조에서 찾을 수 있다는 것이다.

비약적이면서 실험적인 접근일 수도 있지만, 어산은 그 이치를 구체적으로 설명하기 위하여 많은 이야기를 하고 있다.

> "지구의 타원궤도에서 보는 하지, 동지, 춘추분의 자리를 그리스인들은 인체로 번역하여 로고스(이성理性), 파토스(감성感性), 에로스(욕망慾望)라고 이름을 붙인다. 로고스는 사유하는 곳, 파토스는 정서적인 기능을, 에로스는 생식 활동을 담당하는 곳으로 이들 세 자리가 상호 견제하면서 협력하는 신체가 인간이라는 것이다."

그리스인들이 지구에서 태양과의 공전을 통하여 생기는 사계절의 하지, 동지, 춘추분의 자리를 인체로 해석하여 로고스Logos, 파토스Pathos, 에로스Eros라고 이름을 붙였다는 논리는 생경하기만 하다.

그렇지만 어산은 이러한 논리로 《천부경》과 《인부경》 일치를 일관되게 주장한다.

그러면서 인체 황금비를 말한다.

네발 동물도 사람과 마찬가지로 세 둥지인 로고스와 파토스 그리고 에로스를 가졌지만, 왜 동물들은 사람처럼 웃고 말하지 못하냐는 원초적 의문을 제기한다. 인간 황금비는 얼굴(눈)에서 심장까지 거리가 2이면, 심장에서 성기까지 거리는 3이다. 그러나 동물 비례는 종류에 따라 각색이지만 그 어떤 동물도 사람의 황금비를 갖지 못한다고 말한다. 황금비가 곧 신의 자율의지로 인간만이 신의 그 의지를 닮았다고 주장한다.

부연하면, 곧추설 수 있는 인간만이 인체 황금비를 신의 의지대로 수행할 수 있다고 말한다. 네발로 기어 다니는 동물은 3:2의 비례가 불완전하여 사람처럼 웃고 말하지 못한다고 이야기하는 것이다.

그리고 이러한 이야기는 어산《천부경81자바라밀》에서 계속 이어진다.

대야발《단기고사》에서, 단군 제2세 부루夫婁 치세 26년에 석자장石子丈이 말한《천부경》을 거론한다.

> "26년에 석자장石子丈이 아뢰기를 시조의 천부경天符經을 참고하여 보면, 하늘이 만물을 지어 그 모양과 색깔이 가지가지이나 각각 그 시작이 있는 것은, 그 중에 한 가지의 영靈을 포함했기 때문이니, 이것이 일시무시一始無始인데, 일一이 무시無始에서 시작된 것입니다. 태초에 무시無始로부터 먼저 이수理數가 있어, 일양一陽과 이음二陰이 도道가 된 것입니다. 이것이 물질物質의 도道입니다. 태극太極 이상以上의 것을 말하면, 이 도道는 이理와 기氣를 초월하기 때문에 그 신神의 오묘함을 증명하기 어렵습니다. 그러므로 만물이 다 도道에서 나왔고 또 도에 들어가니, 도의 근원은 하늘[天]에서 나왔고, 사람의 근원은 신조神祖에서 나왔으니, 하늘과 신조神祖는 그 사이가 밀접하여 하늘이 곧 신조입니다. 바라옵기는, 신사신전神社神殿을 세워, 백성으로 하여금 경건하고 사모하게 하므로 신앙信仰하게 하여 만고萬古의 기본을 잊지 않는 도道를 삼으소서 하니 임금께서 그렇게 하겠다 하시고 천하에 조서를 내려 삼신전三神殿을 세우고, 환인·환웅·단군의 삼신위三神位를 봉안奉安하여 백성들에게 경배하게 하였다."

석자장은 영靈이 있어 위대한 하늘이라 한다.

영혼이 담겨 있는 하늘은 곧 일시무시一始無始이며, 바로 무시無始에서 위대한 일一이 시작된다고 하였다. 무시無始에는 근원적으로 이수理數가 있기에, 일양一陽과 이음二陰이 바른 이치인 도道로 굳어지게 되었다고 한다. 즉 양과 음의 조화에서야 이수理數라 할 수 있다는 내용이다.

다시 말해서 《천부경》에 등장하는 1부터 10까지의 모든 수가 신의 오묘한 결정이라는 것이다.

대야발 《단기고사》에서, 제1세 단군왕검檀君王儉을 이렇게 말한다.

"우주는 무한한 대권大圈이요, 하늘의 도道는 무한한 정권正圈이며, 사람의 도道는 무한한 정축正軸이요, 물정物情은 유한한 횡축橫軸이다. 정권正圈에서 정축正軸에 직사直射하는 것은 모든 사상思想이요, 정축正軸에서 정권正圈으로 반사反射하는 것은 성력誠力이니라. 판단하는 주체主體는 곧 나요 생각하는 실재實在니, 이것이 일신一身의 영주靈主라."

어려운 문장이다.
어산 박용숙은 이 문장을 아래와 같이 설명한다.

"생소한 것은 '대권', '정권', '정축', '횡축', '천도', '인도'와 같은 말이다. 이들은 오랫동안 우리가 잊었던, 선조들이 사용하였던 지구의 자전과 공전을 설명하는 천문학 용어이다. '대권'은 우리가 사는 우주이다. 우주가 회전목마 놀이터라면, '정권'은 북극권에 보이지 않는 끈을 매고 돌아가는 7행성의 회전목마가 운행되는 곳이다. '정축'은 지구의 배꼽(돛)이라고 하였다. 또 '횡축'은 자전축을 나타내는 지구상의 위도이고, '인도'는 춘추분점에서 새벽별이 출현하며 삼태三台를 만드는 33천의 길이다. 이 인도에서 밤과 낮의 길이가 양분되면서 계절의 흐름이 반전된다. 이 말씀은 완벽하게 지구가 자전하며 공전하는 그림이다."

《천부경》의 새로운 해석이지만, 소중한 단군檀君 말씀이다.

환웅 아들 단군왕검檀君王儉 이야기를 어산은 천문의 역사로 보았다.

'대권', '정권', '정축', '횡축', '천도', '인도'는 분명 천문학 용어라며, 그 내용을 상세히 설명하였다. 어산은 이를 근거하면《천부경》9×9=81자는 지구 자전과 공전 원리를 적은 경문이 된다는 주장이다.

어산 박용숙의 이 문장에 대한 이해는 엄청난 반전이 아닐 수 없다.

여기에서의 '물정物情'에 대한 해석도 새롭다.

> "'물정'이란 인간의 성정性情이 지구의 횡축에 있고 북극권에서 그곳으로 내려오는 혼에 의해 모든 사상思想이 만들어진다는 뜻이다. 즉, 인간의 모든 사상은 북극에서 내리는 좀생이혼에서 기인하며, 이것을 얻기 위해 샤먼들은 지구 자전축에서 북극권을 향해 간절히 희구하는 노력(성력誠力)을 기울인다. 그리고 이 상하의 교감작용을 주도하는 주체는 나이며 생각하는 실재實在이다. 그 실재자가 해탈자(영주靈主)인 것이다."

북극에서 내리는 좀생이혼을 얻는 사람을 진정한 해탈자라 하였다.

어산 박용숙이 말하는《천부경》주제라고 할 수 있다.

부연하면, 금성이 지구와 만나는 춘분날에 금성이 묘성으로부터 좀생이혼을 운반하는 실체 파악이 바로《천부경81자바라밀》핵심 줄거리라는 것이다. 좀생이혼을 얻는 영주靈主가 되려고 천부경81자 주재자를 실재實在로 본 것이다.

어산 박용숙은 판스페르미아Panspermia인 배종胚種발달설을 강하게 주장하지는 않았지만, 이 부분은 좀생이혼 존재를 파악하는 주제로 소중한 접근이라 할 수 있다.

'좀생이혼'에 대한 이론은 어려운 주제가 아닐 수 없다. 우선 판스페르미아인 생명발생 포자가설胞子假設에 근거한 이야기라 할 수 있다. 때문에 이 이야기를 과학적으로 논리적으로 설명하는 데는 한계가 많다. 무엇보다 헬레니즘Hellenism에 무참히 파괴되어버린 샤마니즘Shamanism을 바로 이해하여야 하는데, 이러한 유구한 역사를 미신迷信의 일종인 주술呪術로 치부한다면, 이 주장은 허황한 가설로 끝난다는 이야기이다.

어산 박용숙은 이 좀생이혼을 이야기하기 위하여 일생을 외롭고도 험한 길을 택한 것이다.

우선 좀생이의 '좀'을 사전에서 찾아보면, 동물이며 좀목의 빈대좀, 나무좀, 서양좀, 작은좀, 돌벼룩좀, 수시렁좀 따위를 통틀어 이르는 말이라 한다. 물론 어산이 말하는 좀생이혼은 다른 개체이지만, 좀생이혼이 바로 인류의 시작인 불멸의 씨앗이라는 말이다.

> "좀생이혼은 아무 때나 지상으로 내려오는 것은 아니다. 양이 우는 그림자 시간도 아니고 오리가 우는 빛의 시간도 아니다. 지구가 불에 타도 죽지 않는 이 좀생이혼불이 지구에 내리는 시간은 자전축이 바로 서며 빛과 그림자가 똑같아지는 시간, 바로 춘분날이다. 생과 죽음이 맞대결하는 시간이 아니라 그 경계가 사라지는 시간으로, 목자들은 영혼이 교류하는 이때 인류를 구하는 영혼의 불씨인 좀생이혼불이 내린다고 믿는다."

지구가 불에 타서 모든 것이 사라지더라도, 이 좀생이혼불만이 유일무이하게 살아남아 묘성昴星으로 갔기에, 지구의 자전축이 바로 서는 춘분날 금성과 함께 나타나 인류를 구하는 영혼의 불씨가 되어 우리에게 온다는 엄청난 이야기인 것이다. 천종天縱인 그 영혼의 불씨를 맞이하기 위하여 천부경 81자가 존재한다고 어산은 주장하는 것이다. 이러한 주장을 밑받침하기 위하여 천문학과 인문학 그리고 샤머니즘을 동원하는 것이다.

대야발은 천부경81자는 하늘의 일이 곧 사람의 일이라는 '천인일체대경대법天人一體大經大法'이라 하였다.《천부경》이 또 다른《인부경》이라면, 일一은 사람의 씨(종자種字, 알)이고, 무無는 자궁子宮이라 할 수 있다. 인류 시작은 자궁에서 시작된다. 이것이 인간이 존재하는 한 영원한 진실이라는 것이다. 여기서 자궁이 무를 대신하는 글자가 되는 것은 자궁이 어느 하나를 가진 것이 아니라, 그 양자兩者의 공시성共時性 장소이기 때문이라는 것이다.

어산 박용숙은 이것이 바로 '무無'의 이미지라 한다.

《자전字典》에서 궁宮이라는 글자 풀이를 가져오면, 돔Dome과 같은 뜻으로 그곳에서 빛인 광명이 일어나므로 이곳을 영대靈臺라 한다. 이는《천부경》에서의 '육생六生'의 뜻으로, 춘분날 묘성에서 좀생이혼이 내린다는 말이라는 것이다. 자궁에는 정충精蟲과 난자卵子를 매개하는 충기沖氣가 있다는 뜻이다. 이 말은 빛과 그림자의 두 에너지가 새벽별 에너지인 충기와 합작하여 사람 씨인 아기를 만든다고 할 수 있다. 아기 탯줄이 세 갈래 새끼줄처럼 꼬여 있는 것이 이를 반증한다고 하였다.

반복하자면 대야발은 천부경81자의 말씀은 하늘의 일이 곧 사람의 일이라는 사실을 강조하기 위해서 '천인일체대경대법天人一體大經大法'이라 하였다는 것이다. 그리고 이 경문과 그 역사를 쓰기 위해 오늘의 중앙아시아와 돌궐로 들어갔다는 역사적 이야기이다.

대야발은《천부경》이 들어있는, 단군시대 역사《단기고사》를 쐐기문자로 기록했고, 뒷날 신라 말 최치원이 이를 한자로 번역하여 전해진 것이 오늘날 우리가 아는《천부경》이라고 한다. 그가 강조하건대, 대야발 기록문서는 수메르·바빌로니아시대 천문학 이야기를 전하고 있다는 사실이다.

어산 박용숙이 천부경81자가 수메르·바빌로니아 천문학과 관련이 있다는 사실에 눈뜬 것은 2002년에 출판된 서울대학교 박창범의《하늘에 새긴 우리역사》덕분이라 한다. 이 책에는 〈천상열차분야지도天象列次分野之圖〉라는 이름의 천문도가 소개돼 있는데, 천문도는 두 개의 커다란 원이 서로 교차하는 모양새고, 그 중심에 북극권을 가리키는 자미원紫微垣이 그려져 있다.

어산 박용숙을 놀라게 하였던 것은, 그 천문도를 누구도 설명하지 못한다는 사실이었다.

천부경81자는 〈천상열차분야지도〉를 설명한 법문이라 확신하였고, 어산은 곧 《화엄경》이나 '반야바라밀'을 연상하게 되었다고 말하였다.

— 천상열차분야지도天象分野列次地圖 —

박창범이 《하늘에 새긴 우리역사》에서 천부경81자가 수메르·바빌로니아의 천문학과 관련이 있다고 하지는 않았지만, 어산은 상상력의 실천에 근거한 추리력을 발휘한 것으로 볼 수 있다. 그리고 그 근거로 바빌로니아 문명을 연구하는 학자들이 플라톤의 우주론이 이란이나 바빌론의 천문학에서 유래했다고 주장한다는 이야기를 평가한 것이다. 이미 플라톤 시대에 지구 자전 공전의 우주론이 세계적으로 공인된 우주관이라는 논리이다.

천문학자 박창범의 이야기이다.

"《삼국사기》를 제대로 읽어 본 것은 솔직히 이때가 처음이었다. 그동안 '세계에서 보기 드물게 1,000년의 역사를 한 권 안에 실어 놓은 책'이란 사실은 귀가 닳도록 들어 알고 있었지만 부끄럽게도 그 내용을 직접 읽어 본 적은 없었다.

《삼국사기》에 등장하는 일식 기록을 추려내고 신라, 고구려, 백제 별로 분류해 각 나라가 기록한 일식들을 가장 잘 볼 수 있는 관측지를 각각 찾아보았다. 그러자 도저히 믿을 수 없는 위치가 나왔다. 애초에 삼국의 위치는 익히 우리가 국사 교과서에서 배워왔던 대로 한반도상에 나타나리라고 예상하고 있었다. 그런데 확인 결과 전연 다른 위치가 튀어나왔다. 신라와 백제의 경우 한반도가 아니라 오늘날의 중국 대륙 동부에 최적 관측지가 나타난 것이다. '이런! 예측이 이렇게 빗나갈 줄이야! 뭔가 숨어 있겠군!' 단지 내 검증 방법을 한번 확인해 보기 위한 '테스트'에 불과했던 이 계산에서 예상 밖의 일이 일어난 것이다.

나는 곧바로 일식 기록에 대한 나의 위치 추정 방법을 얼마나 믿을 수 있는지 보다 분명하게 확인하기 위해 삼국 시대보다 역사가 더 정확히 알려진 고려 시대의 일식 기록을 검증해 보기로 했다. 고려의 최적 일식지 마저 역사적 사실과 다르게 나온다면 그때는 나의 위치 추정 방법의 신뢰성부터 의심해 봐야 할 일이었다.

그런데 고려의 경우엔 정확히 역사적 사실과 일치하는 것이 아닌가! 그것만으로도 만족할 수 없어 한·당·양나라와 같은 중국의 여러 나라들도 연이어 확인해 보았지만 결과는 같았다. 이 나라들이 기록한 일식의 최적 관측지들은 역사적으로 알려진 각국의 강역과 맞아떨어졌다. 삼국의 위치 또는 《삼국사기》 일식 기록에 대한 의심을 더 이상 피할 수 없게 되었다."

박창범은 《삼국사기》의 일식 기록에 근거하여 신라와 고구려 그리고 백제 별로 분류해 가장 잘 볼 수 있는 관측지를 탐색하였는데, 한반도가 아니라 엉뚱하게도 중국 동부가 최적 관측지로 판명되었다는 것이다. 반면 고려시대부터는 한반도에서 일식 기록과 정확히 일치하였으며, 중국대륙에서는 한나라부터 일식 기록이 맞았다는 연구 결과이다.

다시 말해서 신라와 고구려 그리고 백제 위치는 식민지사관에 근거한 역사 시간에 배웠던 지금의 한반도가 아니라 중앙아시아와 파미르고원(Pamir plat)을 맞대고 있던 대륙인 중국이었으며, 나아가 소위 중국 한나라 이전의 일식 기록을 신뢰할 수 없다는 주장이다.

다시 강조하자면, 우리가 알고 배웠던 신라와 백제 그리고 고구려 역사는 잘못되었다는 결론이다. 어산은 박창범이 과학적으로 밝혀낸 삼국시대 천문 사실에 상당히 놀랐을 것이다.

쐐기문자로 기록된 《천부경》 81자는 인류의 다른 경전들보다 앞선다.
《천부경》 메시지는 지구와 태양 그리고 달이 무한히 자전하며 공전한다는 이야기이다.

그렇다면 쐐기문자는 무엇인가.

설형문자楔形文字라고 하는 이 문자는, 고문이라 하는데 수메르·바빌로니아시대 문자이다. 다시 고문이 발전한 금문은 가나안Canaan·페니키아Phoenicia·크레타Creta 알파벳문자로 이어진다는 역사적 사실이다.

정리하면 쐐기문자가 인류 문자 원류이자 시작인 셈이다.

대야발이 《단기고사》를 쐐기문자로 기록했고, 최치원이 이를 한자로 번역하여 전해진 것이 《천부경》이라고 한다. 그러나 최치원이 번역하였다는 16개의 쐐기문자 혹은 《환단고기桓檀古記》에서 녹도문자를 우리는 알지 못한다. 사슴 발자국 속에 나오는 무늬가 쐐기처럼 생겼기에, 녹도문자가 쐐기문자의 원조라는 이야기도 있다.

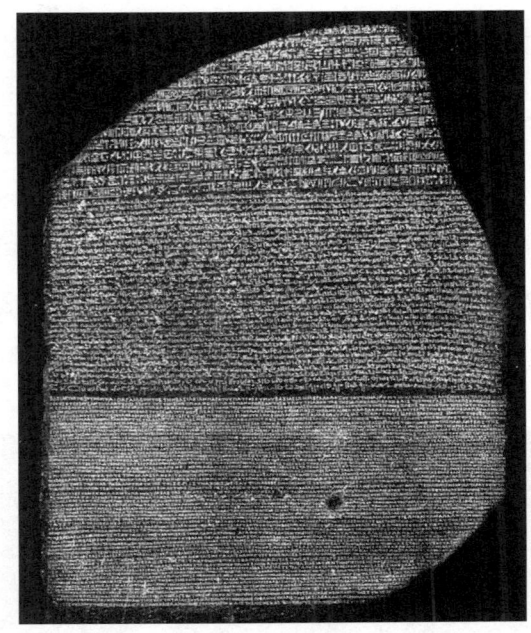

- 로제타스톤 -

쐐기문자하면 우선 영국 런던 대영박물관 입구에 전시되어있는 로제타스톤Rosetta stone을 떠올리게 된다.

1799년 프랑스 정복군주 나폴레옹Napoleon(1769-1821) 포병사관 부샤르가 나일강 하구 로제타 마을(라시드Rashid)에서 발견한 흑색 화강섬록암 비석 조각이 로제타스톤이다.

로제타석에는 고대 이집트의 상형문자(Hieroglyph)와 아랍인이 사용한 상형문자 필기체(Demotic) 그리고 그리스문자 등으로 기원전 196년 프톨레마이오스 5세의 공적을 기리는 내용이 적혀 있다고 한다. 그 내용을 1822년 프랑스의 샹폴리옹Champollion(1790-1832)이 상형문자의 의미로 밝혀냈다고 하였다.

우선 이집트 상형문자와 수메르 쐐기문자와 연관관계를 밝혀야 하지만, 이집트 나일강 하구 라시드 마을에서 발견하였으면, 응당 '라시드 스톤Rashid stone'이라 하는 것이 올바른 역사에 대한 예의가 아닐까. 그런데 패권주의 관행인지는 몰라도 영국인들은 장미돌(Rosetta stone)이라 하였다. 혹여 로제타 스톤에 담긴 의미를 정확히 몰라서 이런 이야기를 하는지도 모르겠다. 그리고 프랑스 천재 샹폴리옹이 그 비문을 해석하였다고 하는데, 그 내용에는 오만한 지식인의 편견과 오류가 점철되어 있지는 않았을까 생각해 본다. 장미薔薇가 연꽃[蓮花]과 서로 떨어질 수 없는 깊은 관련이 있다면 그것은 별개의 일이다. 자미원紫微垣과 태미원太微垣에서의 '미微'가 심상하지 않기 때문이다.

- 쐐기문자 -

동양의 공자孔子(BC551-BC479)는 쐐기문자에 대한 전모를 파악한 사람이라 한다. 공자의 《춘추春秋》·《논어論語》·《효경孝經》이 페르시아제국 공용문자였던 쐐기문자로 쓴 책이라 알려졌다. 그런데 《이아爾雅》에서는 공자가 《상서尙書》 29권을 설형문자가 아닌 예서隸書로 썼다고 기록한다.

일대 세계사에서 유래가 없는 역사적 전환이다.

감히 잘못된 것이라 할 수는 없지만, 그렇다고 바른 것이라 할 수도 없다.

쐐기문자는 고대 메소포타미아Mesopotamia에서 점토서판에 갈대 등으로 만든 필기구의 뾰족한 끝으로 새기듯이 쓴 문자 통칭이다. 설형문자(문설주 설楔, 쐐기 설楔)라고도 하며, 석판이나 금속판에 새긴 경우도 있다고 한다.

1712년 라틴어로 쓴 《회국기관廻國奇觀》이라는 여행기를 발간한 독일인 E·캠퍼Kaempfer(1651-1716)가 이 책에서 고대 페르시아문자를 쐐기문자라고 한 것이 시초라고 한다. 처음에는 오른쪽에서 왼쪽으로 세로로 썼는데, 점토서판을 왼쪽으로 회전시켜서 왼쪽에서 오른쪽으로 가로쓰기하였다고 한다.

쐐기문자는 BC 2,500년경에는 셈어족Semitic Languages인 아카드어Akkadian Language, BC 2,000년경에는 아카드어 분지인 바빌로니아와 앗시리아Assyria, 다시 주변 히타이트Hittite와 아라라트Ararat의 표기에 사용되었다.

역사에서는 과두문자蝌蚪文字는 고대 중국에서 쓰였던 한자 서체의 하나라 한다. 쪼갠 대나무에 옻을 묻혀 사용하였다. 올챙이처럼 머리가 굵고 꼬리가 가는 것이 특징이다.

그런데 페르시아제국의 공용문자였던 쐐기문자로 쓴 책이라 알려진 《춘추》·《논어》·《효경》은 제대로 번역된 것일까. 그리고 《이아》에서 《상서》 29권을 설형문자가 아닌 예서로 썼다고 기록하는데, 그 예서는 정확함을 진정 담보하고 있는가.

신라新羅 고운孤雲 최치원(857- ?)이 《천부경》을 문자로 옮겼다는 이야기.

6두품頭品으로, 868년 경문왕景文王 12세에 당나라로 유학을 떠났다. 7년 만인 874년 18세 나이로 빈공과賓貢科에 합격한다. 885년 헌강왕憲康王 때 29세 나이로 귀국하여 망해가는 조국을 한탄한다. 894년 진성여왕眞聖女王에게 시무에 관한 의견을 올려 나락으로 가는 문란한 정치를 바로 잡고자 하였다. 그러나 해동공자海東公子는 뜻을 이루지 못하고, 899년 42세에 관직을 버리고 전국 곳곳을 갈 곳 없는 나그네처럼 누빈다.

끝내 만년에 가야산伽倻山 해인사海印寺로 들어갔는데, 어떻게 죽었는지는 모른다고 한다. 언제인지는 몰라도, 최치원이 영변寧邊 묘향산妙香山에서 《천부경》 비문을 발견하였다고 하는 것이다. 그리고 최치원이 한문으로 번역하였다는 《천부경》을 운초芸艸 계연수桂延壽가 1916년 9월 9일에 묘향산에서 발견하였다고 한다. 이를 영변 묘향산 석벽본石壁本이라 하는데, 〈태백일사〉에 실린 원본과 전문이 일치한다.

고운의 후손 최국술崔國述이 찬술한 최문창의 《최문창후전집崔文昌侯全集》이 있다.

계연수가 발견한 묘향산 석벽본은 이 고운 문집 뒤에 붙어 있는데, 고운 친필이 아니라 1925년에 최국술이 다른 판본을 인용하여 편찬한 것이라 한다. 《천부경》 석벽본과는 일곱 자가 서로 다른데, 일곱 자 모두 음은 같고 글자만 달라 어떤 사람이 암송한 것을 전한 것으로 보인다고 한다.

무엇인가 불분명하다.

조선시대 이맥(1455-1528)은 단군시대부터 고려시대까지의 연대기를 〈태백일사〉로 지었다. 그리고 이맥은 〈태백일사〉에서 《천부경》의 존재를 밝혔는데, 그 전모를 계연수가 《환단고기》에 게재하였다고 전한다.

"天符經天帝桓國傳之書也. 桓雄大聖尊, 天降後, 命神誌赫德, 以鹿圖文記之.

崔孤雲致遠, 亦嘗見神誌篆古碑, 更復作帖, 以傳於世者也.

《천부경》은 천제환국에 전해지는 글이다. 환웅대성존이, 하늘에서 내려오신 후, 신지 혁덕에게 명하여, 녹도문으로 그것을 기록하라고 하였다. 고운 최치원, 역시 신지의 전고 비문을 보고서, 다시 시첩으로 지었기에, 세상에 전하여지게 되었다.

天符經
一始無始一析三極無盡本
天一一地一二人一三一積十鉅無匱化三
天二三地二三人二三大三合六生七八九運三四成環五七
一妙衍萬往萬來用變不動本
本心本太陽昻明人中天地一
一終無終一 《桓檀古記》〈太白逸史〉〈蘇塗經典本訓〉一十堂主人 李陌 編撰"

신지가 녹도문으로 기록한 《천부경》.
어산 박용숙은 여기에서 중요한 문제를 지적한다.

"불행한 일은 또 있다.
81자 텍스트를 분절(문장 끊기)하는 문제이다. 경문 연구를 삼천포로 빠지게 만든 것은 이맥(1455-1528)의 잘못된 분절법이다. 이맥이 단군시대부터 고려시대까지의 연대기를 담은 《태백일사太白逸史》를 쓰면서 81자를 잘못 분절한 것이다. 계연수桂延壽가 전한 텍스트는 81자를 내리 세 줄로 나누어 놓았을 뿐 문장은 미분절 상태이다. 그런가 하면 최치원崔致遠의 사적본事蹟本도 가로 세로로 아홉 줄씩 나누어 놓았을 뿐 문장은 나누지 않았다. 문장 끊기를 잘못하면 경문 전체의 의미망이 살아날 수가 없게 된다. 이 난제를 해결해 주는 문서가 발해의 역사가 대야발이 남긴 《단기고사》이다. 대야발은 이 책에서 《천부경》의 핵심코드가 '삼사성환오칠일묘연三四成環五七一妙衍'의 도道라고 못을 박았다.

따라서 《천부경》 81자의 분절은 이 아홉 자가 바로 분절의 척도이다."

어산 박용숙은 대야발이 《천부경》의 핵심코드가 '삼사성환오칠일묘연三四成環五七一妙衍'의 도라 말한다는 것을 강조한다. 그런데 1976년 출간된 《한국고대미술문화사론》에서는 그러한 이야기는 없고 '천부경에 배열된 경문을 해석에 편리하도록 재배열하자면 다음과 같다'고만 하였다.

그 재배열은 아래와 같다.

天符經
一始無始, 一析三極, 無盡本,
天一一, 地一二, 人一三,
一積十鉅, 無匱化,
三, 天二三, 地二三, 人二三,
大三合, 六生七八九運,
三四成環, 五七一妙衍,
萬往萬來, 用變不動本,
本心本太陽,
昻明人中天地一,
一終無終一

이 천부경 재배열은 대야발이 강조한 '삼사성환, 오칠일묘연三四成環, 五七一妙衍'을 중심으로 하였다는 것이다.

적지 않은 세월 동안 《천부경》은 많은 사람들이 궁금해 하는 경전이다.

어산 박용숙의 《천부경》 해석이 그 궁금증을 해소했다고 말하지는 않겠다. 다만 우리나라 역사와 문화를 그처럼 조목조목 밝히는 학자도 찾아볼 수 없지 않은가.

때문에 《천부경》의 밝은 길로 나가는 지름길에서, 그의 이런 노고가 커다란 이정표가 될 것은 당연하다고 말하는 것이다.

2

천부경天符經은 어렵다

2 천부경天符經은 어렵다

천부경天符經81자.
우리나라 위대한 조선朝鮮의 자부심을 밝힌다는 세계 최초 경전이라 한다.

天符經

一始無始一析三極無
盡本天一一地一二人
一三一積十鉅無匱化
三天二三地二三人二
三大三合六生七八九
運三四成環五七一玅
衍萬往萬來用變不動
本本心本太陽昂明人
中天地一一終無終一

천부경81자를 나는 이렇게 알고 있었다.
　그리고 《천부경》을 서툴지만, 삐뚤빼뚤 우리말로 옮기면서 자부심도 느꼈다.

하늘 이치에 합하는 글

一에서 시작하지만, 시작이 없는 一이고,
삼극으로 갈라져도, 본질은 다함이 없다.
이때 하늘은 첫 번째 一이고, 땅은 첫 번째 二이고, 사람은 첫 번째 三이다.
一을 쌓아서 十으로 크게 되는데, 어그러짐이 없이 三으로 된다.
비로소 하늘은 두 번째 三이고, 땅은 두 번째 三이고, 사람은 두 번째 三이다.
커다란 三이 합하여 六을 낳으니, 七·八·九도 그러하다.
三과 四가 움직이며 고리되어 五와 七 그리고 一을 만드니, 묘하게
불어난다.
오래도록 오고 오래도록 가면서, 쓰임은 변하더라도 본질은 변하지 않으니,
본래 마음이 태양의 본질이기 때문이다.
밝음을 올려다보니, 사람은 하늘과 땅 가운데서 하나가 되었다.
一로 마치지만, 一로 마치는 것이 아니다.

이렇게 옮기기까지는 나름 많은 시간과 탐색이 필요하였다.
많고 많은 《천부경》에 대한 강의와 이야기도 참고하고 인용하였다.
나름, 기쁨도 있었다.
그렇지만 어리숙한 일이었다.
이 정도는 누구나가 해온 공부였기 때문이다.
우선 《천부경》에서 가장 중요하게 생각한 것이 바로 이 부분이다.

'天二三地二三人二三
비로소 하늘은 두 번째 三이고, 땅은 두 번째 三이고, 사람은 두 번째 三이다.'

해석을 이렇게 하였지만, 그 근본이 어떻게 되는지는 잘 모른다.
어려운 문장이다.

우선 이 문장에서 '인이삼人二三'에 대하여 많은 시간을 할애하였고, 지금도 그렇다. 《천부경》에서 이 '인이삼人二三'의 매듭이 풀리지 않으면, 《천부경》은 옥죄인 올가미처럼 풀리지 않을 것이라 생각하였다.

그리고 이 구절에 은밀하게 숨어 있는 '성成'도 중요하다고 생각하였다.
이 '성成'은 '첫 번째 一이고, 땅은 첫 번째 二이고, 사람은 첫 번째 三이다 [天一一地一二人一三]'에서의 '생生'과 자연스럽게 만나 '생성生成'이라는 의미가 드러난다고 여겼다.
《주역周易》에서의 '생성生成' 줄거리를 반복한 것이다. 그리고 《천부경》은 우주 삼라만상의 원동력이 되는 '생성生成'을 더할 나위 없이 잘 설명한다고 확신하였고, 지금도 그렇게 알고 있다.
그렇지만 아직도 나에게는 '천이삼지이삼인이삼天二三地二三人二三'의 얼개는 복잡하기만 하다. 그리고 다음 문장에서도 많은 어려움이 있다.

'大三合六生七八九
커다란 三이 합하여 六을 낳으니, 七·八·九도 그러하다.'

대부분이 알고 《천부경》 81자에서의 중심이라 할 수 있는 '육생六生'에서는 뿌듯한 희열감까지 느꼈다. 앞부분 40자와 뒷부분 40자를 연결하는 정 중앙에서 '생生'은 《천부경》을 더욱 빛나게 하는 것 같았다.

그리고 많은 사람은 《천부경》에서 '대삼합육생칠팔구大三合六生七八九'가 핵심용어라 하는데 주저하지 않는다. 그런데 어산은 대야발이 강조하였다면서, '삼사성환, 오칠일묘연三四成環, 五七一妙衍'을 중심으로 해야 한다고 주장한다.

어산 박용숙이 맞는가 아니면 누구 주장이 틀리는가.

《천부경》에서 또 하나의 어려운 관문은 '시종始終'이다.

'일시무시일一始無始一'과 '일종무종일一終無終一'

일一에서 시작하지만, 시작이 없는 일一이다[一始無始一].
일一로 마치지만, 일一로 마치는 것이 아니다[一終無終一].
난해하여 무슨 말인지 아리송하지만, 무엇인가 있어 보이면서도 위풍당당한 구절 같아 보였다. 그러다가 一에서의 시작은, 무에서 시작이기에 하나이며[一始無始一], 一에서의 마침은, 무에서 마침이기에 하나이다[一終無終一]라 해석하였다.

그러나 며칠 지나면, 도대체 이것이 무슨 뜻인가 하는 생뚱맞은 마음뿐이었다.

1920년 발간된 전병훈全秉薰(1857-1927)의 《정신철학통편精神哲學通編》에서의 《천부경》이다.

전병훈은 고문의 표기대로 세로쓰기인 종서縱書로 적었다.

그리고 문장을 다음과 같이 끊었다.

天符經原文 八十一字

一始無始, 一析三, 極無盡,
本天一一, 地一二, 人一三,
一積十鉅, 無匱化三, 天二三,
地二三, 人二三大三合六, 生七八九,
運三四成環, 五七一妙衍,
万往万來, 用變不動本, 本心本太陽昻明,
人中天地一一終, 無終一

> 전병훈은 천부경81자 해석을 이렇게 하였다.
> 우리도 예외 없이 이런 줄거리로 《천부경》을 파악하고 있기에, 참고를 위하여 주석 전문을 옮긴다.

一始無始일시무시

천지天地는 허무虛無한 가운데서 생기고, 천지보다 앞에 있었던 것은 단지 혼돈의 일기一氣였다. 공허하고 광막하여 아무 조짐도 볼 수 없으므로 무시無始라 한다. 무시는 곧 무극無極이니, 무극이면서 태극太極이다. 태극이 동동動하면 양陽을 생생하고, 정靜하면 음陰을 생생하니 천지가 처음 성립된다. -자축지회子丑之會이다. 고로 일一은 무시無始에서 시작된다. 일은 태극의 일이니 원신元神의 운동능력이 그것이다.

一析三일석삼

태극太極의 일은 이미 '천일天一'을 낳아 삼三으로 나누어진다. 즉《하도경河圖經》에서 일이삼一二三을 포함한다는 이치이다. 삼三 천天·지地·인人으로 이루어져 만물을 생성한다. 고로 노자老子도 또한 '일은 삼을 낳고 삼은 만물을 낳는다.'고 말했다.

極無盡극무진

무극無極이면서 태극이니, 태극은 천을 낳고 지를 낳고 인을 낳으며 만물을 낳는 근본 이치이며 운동능력이다. 고로 천지인과 만물이 비록 마치고 다하는 때가 있으나 태극의 생명원리와 원신元神은 궁극적으로 다하는 때가 없다.

本天一一본천일일

천天은 태극의 일로써 근본을 삼아 제일 먼저 개벽하였다. 그리고 천일天一은 물[水]을 낳는 까닭에 천일일이라고 말하는 것이다.

地一二지일이

지地는 역시 태극의 일로써 근본을 삼으며, 천은 지의 외면을 감싸고 지는 천의 가운데 있다. 그리고 지이地二는 불[火]을 낳는 까닭에 '지일이地一二'라고 말한다.

人一三인일삼

사람 역시 태극의 일로써 근본으로 삼는다. 천일과 지이의 물과 불이 이미 생한 즉 해와 달이 운행하고 감坎과 리離가 성립되어 기화氣化하여 인을 낳는다. 삼은 삼재가 되므로 '인일삼人一三'이라고 말하는 것이다. - 이상의 가르침은 시초 개벽의 이치를 가르쳐 밝힌 것이다.

一積十鉅일적십거

천일의 일부터 인삼의 일까지 쌓여서 십을 이룬다. 또 그 사상四象의 십을 살펴보면, 가운데 오를 얻어 십오를 이루어 조화가 구비된다. 북일北一은 서구西九를 얻어서 십을 이루며, 서사西四는 북육北六을 얻어서 십을 이루고, 동삼東三과 남칠南七 또한 그러하다. 그 수가 널리 퍼져서 생성됨은 크다고 하겠으며, '거鉅'는 크다는 뜻이다.

無匱化三무궤화삼

천지의 수가 십오로 이루어지니 그 큰 변화가 널리 퍼져서 그치지 않는다. 삼을 포함한 생물들의 변화가 어느 때나 궁핍함이 없으므로 그렇게 말한다.

작게는 하루에서 한 달, 일 년까지를 말하고, 크게는 원元, 회會, 운運, 세世 등 조화가 널리 퍼져 어찌 궁핍할 때가 있겠는가? 궤匱는 궁핍이다.

天二三천이삼

앞에서 개벽開闢을 말한 고로 '천일일天一一'이라 하였다. 여기에서는 음양이 교구交媾하는 수數를 거론함으로 이삼이라 한다. 이는 음수이고, 삼은 양수이며 천의 수가 다섯이다. 천 가운데 음과 양을 갖춘 까닭에 그렇게 말한 것이다. 공자孔子도 《주역周易》〈설괘전說卦傳〉에 "천은 삼으로 하고, 지는 이로 하여 숫자에 의지한다."라 하였는데, 이것은 대개 양수를 먼저 말한 까닭이다.

地二三지이삼

이도 역시 음양의 수를 말한 것이니 앞 장과 같다. 《주역》에 이르기를 지地의 수가 다섯이다. 지의 가운데에 또한 음과 양이 다 갖추어져 있으므로 그렇게 말한 것이다.

人二三大三合六인이삼대삼합육

인과 천지는 품부 받은 바가 같다. 그러한 까닭으로 여기에 와서 '대삼합육大三合六'이라 말한 것이니, 곧 삼양三陽과 육음六陰이 서로 합함으로 그렇게 말한 것이다. 삼재三才가 서로 만나서 생성 변화하는 이치의 수數를 이룸이 이와 같이 명백한 것이다. 대체로 건乾과 곤坤이 일 년에 한 번씩 서로 만나고, 해와 달은 한 달에 한 번씩 서로 만나니, 먼저 있는 바는 기화氣化이고 사람을 낳으며 계속해서 형화形化로써 생에 생을 거듭하여 다함이 없다. 그러한즉 세계인들의 삶이 비록 그 지역은 다르다 하여도 고루 평등한 동포라는 것이 분명한 것이다.

生七八九생칠팔구

삼재가 서로 만나 감육坎六의 수水가 생겼고, 또 수水는 동팔東八의 목木을 낳고, 목木은 남칠南七의 화火를 낳고, 화火는 중앙의 토土를 낳았으며, 토土는 서구西九의 금金을 낳았다. 사상四象과 오행五行의 만물을 낳는 도가 완전히 성립되고 리기理氣가 세워져, 오직 사람의 오장五臟에만 온전하게 갖추어져 있다. - 신장腎臟의 수水는 지智가 되고, 심장心臟의 화火는 예禮가 되는데 아래에서 상세히 설명한다. - 이것은 하도河圖나 낙서洛書와 함께 오행五行의 순행과 역행의 순서도 그 작용이 동일하다.

그러나 마땅히 신역身易의 법을 운용함으로써 강해講解해야 이에 유익함이 있다. 이른바 수화水火의 교구와 금목金木의 회합을 말한다. 사람에게는 영명靈明과 지각知覺이 있으므로, 스스로 떳떳한 법칙을 해하고 겸해서 능히 오래도록 성명 性命을 닦아 옛사람들의 양능良能을 이룰 수 있다. - 이상은 삼재가 생성되는 원리를 가르쳐 밝힌 것이다.

運三四成環운삼사성환

사람의 몸 가운데 삼목三木의 일日과 사금四金의 월月을 운용하는 것은 바로 도가에서 오행五行을 거꾸로 이용하는 방법이다. 삼목三木은 화火를 낳고 화火는 리괘離卦가 되며, 리화離火의 중효中爻는 수水이니 이것을 '진수眞水'라고 한다. - 이른바 용龍이 화火 안에서부터 나온다는 것이다. '사금四金'은 수水를 낳으며, 수水는 감괘坎卦가 되고, 감수坎水의 중효는 화火이니 이것은 '진화眞火'라고 한다. - 호虎는 수水 가운데서 생긴다는 것이다. - 이 진수眞水와 진화眞火가 마음에 따라 오르고 내리는데 - 뒤로 오르고 앞으로 내리는 것을 자오승강子午升降이라고 한다. - 오래오래 반복하면 단丹을 이루고 선仙을 이룬다. 그러한 까닭으로 '운삼사運三四'라고 한다.

대개 - 좌측으로 올라가 우측으로 내려가고, 우측으로 올라가 좌측으로 내려가는 것을 묘유운동卯酉運動이라고 한다. -운運이라는 뜻은 운행의 참뜻이며, 환環은 곧 단丹의 형상이며 끝이 없으므로 '성환成環'이라 한다. 그러나 이 성환의 가운데가 곧 현관玄關임을 몰라서는 안 된다.

五七一妙衍오칠일묘연

오는 곧 토土의 생수生數요, 칠은 화火의 성수成數가 되며, 일은 수水의 생수이니 도가에서 '삼가三家가 서로 본다'는 것이 이것이다. 묘妙는 곧 신묘神妙한 작용이 응결凝結한다는 뜻이니, 그 참된 의식은 -토土가 생하여 -화칠火七과 수일水一을 운용하여 수화數火가 오르고 내림이 앞에서 말한 바와 같이 되어서 도를 이룬다. 연衍은 곧 출신出神이니 자손을 낳아 나의 신기神氣가 천지에 가득 차고 위아래 천지와 더불어 같이 유통流通하는 것을 이르는 것이다. 아! 겸성兼聖과 극철極哲의 대도여! 신神으로써 현빈玄牝에 정기를 운용함이 참된 신통神通의 묘妙를 이루고, 황제黃帝의 겸성과 더불어 동일하게 하늘에 근원을 두며 성명이 엉기어 안주하는 정신에 관한 전문적이 학문이다. -이상의 가르침은 진眞을 이루고 성聖을 증득證得하는 법이다.

이 경經은 하늘이 팔면八面의 영롱함을 안은 것과 같으니 사람들의 인仁을 발견함과 지智를 발견함이 비록 다르다 하여도 '운삼사運三四'부터 '묘연妙衍'에 이르고 보면 참으로 신역을 잘 운용하고 선仙을 이루는 법이 될 것이다. 배우는 사람들은 깊이 깨닫고 소홀히 하지 말아야 할 것이다.

万往万來만왕만래

이미 묘연을 이루고 참 나를 발견하여, 성선聖仙하면 신화神化하여 하늘과 하나로 합치되고, 만겁萬劫을 왕래해도 나는 그대로 자유자재할 것이다. 나의 양신陽神이 종횡이나 상하 어디를 가도 두루 미치지 못할 데가 없고 우주가 손안에 있을 것이다. 날마다 사용하는 사람의 일에 이르기까지 만 가지

기틀이 왕래해도 비록 무궁할지라도 능히 주재자主宰者가 있는 것이다. - 이하의 가르침은 겸성의 이념으로 세상을 구제하는 법이다. -

用變不動本용변부동본

모든 일이 변화가 오니 내가 그 변화를 도와서 이용할 수 있으려면 마음의 저울이 필요하다. 저울은 사물의 경중을 저울질하는 것이며, 변화에 따라 마땅하게 바로잡을 수 있기 때문에 용변用變이라고 말한 것이다. 이것으로써 만물의 이치를 열어 사무事務를 완성하고, 백성을 사랑하여 이롭게 활용하며, 나라를 다스리고 세상을 구제할 수 있을 것이다. 그 어디를 가든 이 변화는 움직이지 않을 것이며 만 가지 변화를 주고받더라도 마음의 근본이 움직이지 않을 것이다. 그러므로 무위無爲의 정치가 이루어지고 지덕至德의 세상의 반드시 오게 될 것이니, 이는 겸성兼聖과 극철極哲이 아니면 그 누가 능히 할 수 있겠는가?

本心本太陽昻明본심본태양앙명

사람의 본심은 곧 태극 건금乾金이며, 태양의 신기神氣가 두뇌 속에 응결되어 영명靈明한 것이다. 그러나 상지上智인 겸성은 본래 스스로 이와 같으나, 오직 배우는 사람들은 또한 욕구로 인하여 도道에 들어가고 그 욕구를 제어하여 물욕의 어두움이 없게 되면 곧 심체心體가 밝아져서 근본으로 돌아가게 된다. 도가 밝아지고 덕이 충만하여 마치 태양처럼 사사로움과 가리움이 없이 공명해지니, 그 밝음이 우주를 비추고 그 만 가지 변화를 조성하여 천지와 더불어 동참하게 될 것이다.

人中天地一一終인중천지일일종

하늘과 땅의 가운데가 열리고 사람이 그 가운데 자리를 잡아 참여하기 때문에 삼재三才가 된다. 이른바 사람이란 천지의 마음으로써 만물이 모두 나에게 갖추어져 있다는 것이다. 이것은 사람이 중화中和의 극진한 공을 이루어 천지가 서게 되고 만물이 화육되며, 천지와 더불어 덕을 합하니 진실로 천지는 대아大我이며, 참 나는 곧 태극의 한 분자인 소아小我인 것이다. 이와 같이 자기를 완성하는 자는 능히 천지의 가운데에 서게 된다. 아! 역시 지극하다 하겠다. 하물며 지금 우주의 안이 서로 통하여 오주五洲가 한 가족이 되어 태평이 세상을 이룰 수 있으려면 반드시 이 태선胎仙과 겸성의 천수天手에 있지 않겠는가? – 장차 통일 세계의 원수元首되는 자는 상선上仙과 겸성으로 천지의 가운데에 서는 자가 아니겠는가? – 그런즉 사람은 천지와 더불어 하나하나 시종始終을 같이 하고 있다. 장차 술해戌亥가 모이는 시기가 오면, 곧 천지와 더불어 인물이 종식하는 기회를 보게 된다. 그러므로 '일일종一終'이라고 한다.

無終一무종일

'무종일無終一'이라 함은 술해戌亥가 모이는 시기에 일기一氣가 크게 숨을 쉬어 바다와 우주에 변동이 일어나고 산이 뽑히고 강이 메워지며 사람과 물체가 다 없어지고 천지가 다시 혼돈을 이룬다. 그러나 태극의 일은 끝까지 종식하는 이치가 없어 재차 자축子丑이 모이는 시기가 오면 다시 행동이 시작되니 '무종일無終一'이라고 했다.

여기에서 진실로 천지의 운행이 그쳤다가 다시 시작되고, 태극의 일이 조용해졌다가 다시 움직이며, 움직이다가 다시 조용하고, 구슬과 같이 끝이 없으니 지극하다고 하겠다. 우리의 지극히 신령하신 겸성의 정이시여!

유학자이며 도학자인 전병훈 문장은 장중하면서도 다채롭다.

1916년, 묘향산에서 계연수가 발견하였다는 《천부경》을 접하자마자 풀이하였으니, 처음으로 진행된 역사적이고 기념비적 소중한 작업이다. 이 결과물을 본 중국 지식인들은 〈하도〉와 〈낙서〉 그리고 《주역》과 주자 《태극도설》 내용이 유려하게 전개된 것을 보고서 환호하였을 것이고, 한국 유학자들은 조선의 새로운 핵심을 파악하였다고 흥분하였을 것이다.

그런데 어산 박용숙은 이렇게 말한다.

"필자가 《천부경》 텍스트를 처음 접한 것은 1970년대 초다. 81자를 처음 읽자 이것이 이집트 로제타 스톤처럼 고고학자들을 난감하게 만들었던 괴물의 숫자임을 감지했다. 그러던 중 인사동의 통문관通文館을 통해 전병훈全秉薰의 《정신철학통편精神哲學通編》을 입수하게 되었다. 《천부경》 81자의 해설과 풀이가 있는 이 책은 1919년에 발간된 것으로 필자가 아는 한 《천부경》 풀이의 첫 사례이다. 하지만 그의 해독은 유교인문학의 범위를 벗어나지 못했음을 확인해주었을 뿐이다."

사실 천부경 81자 덕분에 전 세계에서도 우리나라처럼 숫자에 대하여 깊은 연구가 있는 곳도 없을 것이다. 그리고 백가쟁명 주장과 이론으로 혼란을 부추기지 않았나 하는 자성도 있지만, 그나마 이러한 분분한 논쟁도 역사와 철학 관점에서 보면 진보적인 활동이다.

일본에서 1부터 10까지 한없는 경배를 어산은 아래와 같이 밝힌다.

"일본 신토 풍속에는 고유한 합장 의례가 있다. 신토의 대표적 건축물인 이세신궁伊勢神宮에서는 해마다 신년을 기원하는 합장 예배(대상제大嘗祭)가 열린다. 여기에서 예배자는 합장할 때 눈을 감고 숫자 1에서 10까지 소리 내어 읊조린다. 신을 부르는 성스러운 주문이다."

《천부경》 같은 경전이 없는 일본은 숫자에 대한 의미를 어렴풋이 알고 있기에, 이세신궁 앞에서 두 손을 잡고서 눈을 지그시 감고 1에서 10까지 소리 내어 읊조리면서 소박하게 신을 경배하는 것으로 위안 삼았을 것이다.
우리나라와는 사뭇 다른 자세이다.

우리에게는 오래전부터 손이 우주의 위치를 헤아린다는 《일장경—掌經》에 대한 간절한 믿음이 있었을 것이다. 할머니는, 어머니는 돌우물에서 퍼 올린 정한수를 사기그릇에 담아 장독대 앞에 놓고서 북두칠성을 바라보며 그저 빌었다. 돈 벌러 대처로 간 자식이 무사히 돌아오라고, 시집간 딸이 잘살게 해달라고 빌고 빌었다.
그런데 어산은 우물과 사기그릇(사발沙鉢)과 정한수와 장독대(장옹대) 그리고 북두칠성은 모두가 천문학과 깊은 관계를 맺고 있다고 한다.
우연일까, 아니면 우리 민속 관습에는 일상사가 천문학과 관계가 있었기 때문일까.

3

천부경天符經에서 수數는 무엇인가

3 천부경天符經에서 수數는 무엇인가

天符經

一始無始一析三極無

盡本天一一地一二人

一三一積十鉅無匱化

三天二三地二三人二

三大三合六生七八九

運三四成環五七一妙

衍萬往萬來用變不動

本本心本太陽昂明人

中天地一一終無終一

천부경81자에는 숫자가 31번 등장한다.

가히 《천부경》을 《수경數經》이라 할 수 있다.

1부터 10까지 나타난 횟수를 정리하였다.

1	2	3	4	5	6	7	8	9	10	합
11	4	8	1	1	1	2	1	1	1	81

《천부경》 81자에서 숫자를 모두 더하면 81이 된다

1은 11번이다.

1을 모르면, 《천부경》을 알 수 없다.

참고로 무無와 본本은 4번, 천지인天地人은 3번 나온다.

《주역대전周易大全》에서는 '수數'에 대하여 다음과 같이 이야기한다.

"이치가 있은 후에 모양인 상象이 있고, 모양이 있은 후에 수數가 있다. 역易은 모양을 통해서 수數의 의미를 알게 되므로, 모양인 상象과 수數는 한 몸이다."

수는 이치가 담긴 모양이라고 한다.

무슨 논리인가.

탈레스Thales(기원전624-기원전545) 제자라는 피타고라스Pythagoras(기원전570-기원전490)는 '수數의 세계'를 시간과 공간 합체 우주인 '코스모스Cosmos'라 하였다.

《삼국유사》에서 단군은 '수로 천하를 다스린다(數意天下)'라 하였다.

동양과 서양의 수적數的 합치를 보았다고 말할 수 있다.

손을 가리키는 수手는 나무를 가리키는 '수樹'와 숫자를 가리키는 '수數'와도 소리가 같다. 우연이 아니다. 셋은 불가분 관계이기 때문이다. 같은 이유로 '수樹'가 있는 신단수神檀樹나 보리수菩提樹라는 단어 또한 단순히 나무를 가리키는 말이 아니고, 숫자와 깊게 연관이 되어 있다고 어산은 말한다.

어산 박용숙은 한의학자이며 역학자였던 한동석韓東錫(1911-1968)과도 교류를 하였다. 역학과 수리를 파악하기 위한 어산 발자취이다.

우리 손바닥에는 마디가 있다. 엄지에 2개 그리고 네 손가락에 3개씩 12개를 합하면 14개이니, 두 손에는 28개 마디가 있는 셈이다.

그런데 28이라는 숫자하면, 구진성鉤陳星 북극성이 머문다는 별자리 28수宿가 떠오른다.

그리고 초승달 한 달 주기(29일)와 비슷하다.
박창범《하늘에 새긴 우리역사》에는 이런 이야기가 있다.

"경주 반월성 동북쪽에 있는 신라 첨성대는 현존하는 세계에서 가장 오래된 고대 천문대이다. 우아한 미와 천문 지식의 응용과 조화를 한눈에 볼 수 있는 천문 관측대이기도 하다. 몸통을 원으로, 머리를 정사각형으로 만들어 당시의 우주구조론이었던 "하늘은 둥글고 땅은 모나다(天圓地方)"는 생각을 담고 있다. 원형 몸통부에서 정자꼴 머리부까지 29층으로 석재를 쌓아 음력 한 달의 날 수, 즉 초생달에서 다음번 초생달까지의 날 수(29.5일)와 일치시켰다. 정자석을 한 층으로 볼 경우 정자석과 몸통부의 층 수는 28수 별자리 개수와 일치한다. 또한 원형 몸통부의 석재는 총 27층으로 구성하여 달이 공전하여 하늘의 같은 별자리에 되돌아오는 주기(27.3일)에 맞추었다. 또 몸통부 중간에 있는 창의 아래와 위의 층수를 각각 12층으로 하여 1년 12달과 24절기를 상징하도록 만들었고, 기단석에도 12개 석재를 사용했다 … 이 경주 첨성대는 백제 점성대占星臺의 영향을 받았다고 한다. 첨성대의 영향을 받아 일본에서는 점성대(675)가, 중국의 당나라에서는 주공측경대(周公測景臺, 723)가 축조되었다."

천문학자의 첨성대 이야기가 재미있다.
그런데 박창범 이 이야기에는 무엇인가 부족한 느낌이다.

"원형 몸통부에서 정자꼴 머리부까지 29층으로 석재를 쌓아 음력 한 달의 날 수, 즉 초생달에서 다음번 초생달까지의 날 수(29.5일)와 일치시켰다."

박창범은 첨성대가 원형 몸통부와 정자꼴 머리부까지 29층이라고만 하였다.
그런데 첨성대는 정작 몇 층일까.
우선 기단부 2단을 더하면 31단인데, 이 '31단'은 천문학에서 언급되는 상징적 숫자가 아니다.

《KBS 역사스페셜》〈선덕여왕의 비밀코드 첨성대〉에서 다음과 같은 주장을 한다.

첨성대 단층의 수를 머리부 정자井字 위인 하늘 1단과 기단부 아래인 땅 1단을 추가하여 33단으로 여겨야 한다는 줄거리이다. 그래서 첨성대 단층의 수는 33단이 되어야 한다는 것이다. 독창적 주장이다. 그런데 그런 실험적 논리를 펼치려면, 하늘과 땅을 암유暗喩하는 바가 바로 하늘인 해와 땅인 달이라 부연하였으면 한층 명료한 논리가 되었을 법하다. 그러면 항아리처럼 생긴 천문대 첨성대에는 해와 달과 또 다른 초승달이나 금성을 보듬게 되는 것이다.

그리고 아쉽게도 박창범은 서라벌인 소위 경주에 대한 역사적 고찰에서는 간과한 사실이 있다.

경주를 반월성이 아니라 당연히 신라 신월성新月城이라고 하여야 한다.

반달이라는 이야기는 분명 틀렸다는 것이다. 신월성은 다름 아닌 초승달의 성이기 때문이다.

서라벌은 초승달의 나라이다.

그런데 박창범은 왜 엉뚱하게 반월성이라 하였을까.

'첨성대는 반월성 가운데 우뚝 서 있고,　　瞻星臺兀月城中
옥피리 소리는 만고의 풍치를 머금었네.　　玉笛聲含萬古風,
문물은 이미 신라를 따라 다 갔건만,　　　　文物已隨羅代盡
오호라! 산수는 예나 이제나 똑같네.　　　　嗚呼山水古今同.'

첨성대 이야기를 하면서, 박창범은 정몽주鄭夢周(1337-1392) 칠언절구를 위와 같이 인용하였다.

그런데 정몽주 싯구 '월성月城'을 잘못 번역하였는지, 잘못 인용하였는지는

- 첨성대 -

모른다.

'월성'을 그냥 '월성'이라 하였으면 되었을 터인데, '반월성'으로 옮겼다. 혹자는 뜬금없이 지금 국립경주박물관 앞의 월성이 반달을 닮았다고 하는데, 역사적인 기록으로 엄연히 '신월성新月城'이다.

'신월新月'은 초승달이다.

이는 시정되어야 한다.

사실 많은 사람이 신라는 반월성이라는 이야기를 아무 생각 없이 하고 있기 때문이다. 신라 서라벌을 반월성이라 한다면, 어처구니없이 맷돌을 돌리려는 허망한 역사가 될 뿐이다.

첨성대가 있는 경주 인왕동仁王洞을 옛사람들은 비두比斗골이라 하였다.

비두골, 이는 분명 점성술인 천문학에 관한 용어일 것이다. 박창범은 백제 점성대占星臺를 거론하였는데, 첨성대瞻星臺라 하지 않고 점성대占星臺라 하였다. 첨성대 위에서 별을 보면서 점을 쳤을 것이고, 그것은 점성술사 또는 천문학자 소임이었을 것이다.

사실 경주 첨성대 원래 이름이 점성대일지도 모를 일 아닌가.

어산 박용숙도 《한국고대미술문화사론》에서 서라벌을 반월성이라 하였다.

"불국사佛國寺에서 수도修道하여 득도得道한 승僧이 코에 해당하는 남산南山(용궁龍宮)을 거쳐서 결국 입인 반월성半月城으로 들어가 안압지雁鴨池(임해전臨海殿)에 이르게 된다. 이 점은 별항別項에서 기술될 것이지만 아무튼 이때의 안압지雁鴨池란 곧 지상地上과 천계天界가 만나는 성스러운 젯터(제장祭場)가 된다."

어산 박용숙의 이 문장에서도 '반월성'은 '신월성'으로, '안압지'는 '월지'로 써야 맞다. 그것은 부정할 수 없는 역사적 사실이기 때문이다. 만에 하나 월지를 안압지로 한다면, 바다를 임한다는 궁전인 임해전臨海殿에서 기러기 의미가 생경해져 버리기 때문이다.

월지는 신월성과 인접한 동궁전東宮殿이다.

월성을 이어받을 다음 주자인 왕자王子가 거주하는 곳이다.

'이때의 안압지란 곧 지상과 천계가 만나는 성스러운 젯터(제장祭場)가 된다'에서 의미는 천계에서 소중한 씨가 내려와 태자太子를 생산하는 곳이라는 강조이다.

서라벌을 반월성이라 하면 우리나라 역사는 한 치도 앞으로 나갈 수 없다.

〈초승달의 나라〉라는 에세이는 서라벌 이야기를 쓴 것이다.

검토 중인 내용이었지만, 어산에게 드렸다.

초승달의 나라

서라벌 숨결이 초승달 아래 은은하다.

박혁거세朴赫居世를 거서간居西干으로 추대한 사로국斯盧國 신라新羅와 초승달은 무슨 관계이기에 오랜 시간을 서로 그리도 밝혔는가.

동경東京 제국인 금성金城 천 년을 누구도 소상히 알지 못한다.

674년, 통일신라 위업을 이룬 제30대 문무대왕文武大王은 월성月城 근처에 연못을 조성하였다고 전해진다. 임해전臨海殿이 있어, 바다 모습을 닮았다는 연못. 엉뚱한 조선 선비들이 이곳을 기러기와 오리가 노는 곳이라서 안압지雁鴨池라 부르다가, 1975년 발굴하면서 비로소 정식 이름인 월지月池로 확인하였다.

김부식金富軾은 《삼국사기三國史記》에서 문무대왕이 이곳에 연못을 파고 산을 만들어서 화초를 심고 예쁜 새와 기이한 짐승을 길렀다고 전한다. 그리고 서라벌 동도東都의 동궁東宮이 있던 월지 근처에 임해전이 있었다는 기록이 있어, 이 연못이 바다를 상징하였을 것이라는 공통된 의견이다.

기록에 의하면 동궁에는 9개 관아가 소속되어 있는데, 그 중 하나가 용궁전龍宮典이다. 용왕신심龍王辛審이라는 글씨가 음각된 제기祭器가 다수 발견된 것으로 보아, 이곳에서 상당한 규모의 의식이 다양하게 진행되었던 것으로 여겨진다.

1975년 4월 16일

월지 동쪽에서 소나무로 만들어진 고대 선박 통나무 세 쪽으로 구성된 배 한 척과 노櫓 다섯 점 그리고 두 척 분량의 선체 파편이 수습되었다.

관계기관에서 출토된 유물을 근거로 통나무 세 쪽의 고증복원작업을 마쳤다.

통일신라시대인 8-9세기 무렵의 배이며, 세계적으로 통나무배 역사상 고도 기술이 축적된 목선이라는 연구 발표가 있었다. 그런데 통일신라 유물로 추정한다면, 월지를 조성하였던 문무대왕과 관계가 없다는 이야기다.

과학에 근거한 정확한 탐구인지는 알 수 없다.

통나무 쪽배에서 용왕제 의식을 행한 것으로 추정된다는 보고를 덧붙였다. 그렇다면 월지에서 출토된 배는 적어도 주지육림 향락 도구가 되어 연못을 떠다니던 놀잇배는 아닌 셈이다.

그런데 월지에서 또 다른 유물이 발견되었다.

1975년 5월 29일, 연못 북쪽 기슭에서 17.5㎝ 길이의 남근목男根木이다.

왕궁 연못에서 뜻하지 않은 남근목에 대하여 세간의 관심은 증폭되면서 억측만 분분하였다. 그리고 그것의 정확한 존재는 아직도 풀어내지 못한 미

- 월지月池에서 수습되는 배 -

스터리로 남았다.

　통나무배와 남근목 재질이 비슷하고, 같은 시기에 한 인물 바람으로 제작된 것이라면 그 이유와 내력을 제대로 알아야 한다. 만에 하나 통나무배와 남근목이 혹여 용왕제 의식을 거행하는데 있어 반드시 필요한 도구였다면, 이야기는 복잡해진다. 그 남근목이 역사적으로 심오한 의미를 이야기하고

- 월지에서 출토된 남근목男根木 -

있는데, 그것을 알아듣지 못한다면 금성의 시간은 앞으로 한 발자국도 나아갈 수 없다.

월지에서 출토된 통나무배와 남근목 관계에 대한 의문을 풀 수 있는 열쇠가 될지도 모르는 토기가 일제강점기에 빛을 보았다.

남근상은 무엇을 상징하는 것이 분명하다.

어떤 근엄한 뿌리 이야기가 여기에 담겨 있다면, 다시 숙고해 볼 문제다.

- 금령총金鈴塚에서 출토된 도기 -

1924년 일본인에 의해 사적 제38호인 금령총金鈴塚에서 출토된 배 모양 토기이다.

제기인 듯한 그릇 위에 배 그리고 그 뱃머리에 누워서 혀를 내밀고 웃고 있는 남자는 원래 모습이 온전히 보존되지 않았지만, 자신 성기性器를 보란 듯이 드러내놓고 있는 자세이다. 혹여 해학적으로 해석이 될 수도 있으나,

왕족의 무덤에 부장된 용기라면 그냥 넘길 일은 절대로 아니다.

금령총 배 모양 토기와 월지에서 통나무배와 남근목이 만에 하나 밀접한 관계라면 간과될 역사가 아니다. 2019년 정부 기관에서 이 금령총을 다시 발굴 조사한다고 하니, 정확한 역사탐구 기회가 되었으면 한다.

특히 월성 가까운 곳에 나을신궁奈乙神宮이 존재하였다는 것을 김부식이 밝혔다.

정확한 고증인지는 몰라도, 21대 소지마립간炤知麻立干이 487년에 월성 근교에 나을신궁을 세웠다는 기록이 그것이다.

487년이라면 파사이사금婆娑尼師今이 101년에 월성을 세운 380년 후이고, 문무대왕보다는 200여 년이 앞선 시기이다.

금성인 신월성과 월지 그리고 나을신궁의 관계는 무엇인가.

지금 이 나을신궁은 역사에서 사라진 공간이다. 월성과 나을신궁이 혹여 달과 해 같은 논리로 세워진 건축물이 확실하다면, 이는 금성金城 역사 면모가 완연히 달라지는 것이다.

통일신라 위업을 이룬 문무대왕 행적은 중요하다.

특히 문무대왕 비문이다.

1796년 정조正祖20년, 경주에서 밭을 갈던 농부에 의해 훼손된 문무대왕비 석이 발견되었다. 경주김씨慶州金氏 김정희金正喜가 두 차례 방문하여 탁본하였고, 그 내용이 청나라 금석학자 유희해劉喜海《해동금석원海東金石苑》에 실렸다.

그러나 추사는 비문 내용에 대하여 이렇다 할 해석을 내놓지 못하였다.

그리고 그 비석 소재가 묘연하다가 1961년 비석 하단부가 발견되어 경주박물관에 위치하였고, 2009년 근처 동네에서 빨랫돌로 사용되던 비석 위 일

- 문무대왕비文武大王碑 -

부분이 세상에 모습을 드러냈다. 상당 부분 마모되었지만, 적갈색 화강암에 정성스레 비문이 새겨져 있었다.

반 이상이 훼손된 비문 내용을 온전히 파악하지 못한 채, 비문에 등장하는 인물 성격을 제대로 규명하지 못한 채, 동해에서 용이 되어 왜구를 물리친다는 전설 같은 이야기로 수중왕 문무대왕은 감포 앞바다를 청둥오리처럼 떠돈다.

문무대왕을 자세히 알면 서라벌이 밝혀지는 것이고, 문무대왕 비문을 제대로 읽어야 역사가 바로 서는 것이다.

2014년 12월 12일.

경주시 주관으로 서라벌 천년 왕궁 신월성 발굴 복원사업이 시작되었다.

선덕여왕 무덤이 있는 낭산狼山을 마주한 초승달 모양 언덕 위에 지어진 성.

17대 내물마립간奈勿麻立干 때에도 존재하였다는 비두골 첨성대瞻星臺에서 내려다보이는 월성 터가 특이하다. 왕궁이라면 보통 배산임수가 적합할 터인데, 산을 등지지 않은 한복판이다. 지금 국립경주박물관 앞편인데, 아무리 보아도 당당하다면 당당하고 불안하다면 불안한 지세이다.

초승달 모양 언덕에 지어진 금성은 무엇인가.

- 서라벌 신월성지新月城址 -

우리는 동도東都인 서라벌 금성金城을 뜬금없이 반월성半月城이라 부르는데, 그 연원을 도대체 모르겠다.

기록에는 서기 101년 파사이사금 22년에 축성되었는데, 지형이 초승달처럼 생겼다 하여 신월성 또는 월성이라 불렸으며, 임금이 사는 성이라 하여 재성在城이라 하였다고 한다. 여기에서 하나 짚어볼 것은, 파사이사금이 성을 쌓고서 보니 지형이 초승달처럼 생겼을까, 아니면 초승달처럼 생긴 터를 잡아 금성을 지었을까. 만약 그곳이 신월처럼 생긴 지형이 아니었다면, 파사이사금은 그곳에 성을 지었을까 하는 문제이다.

그런데 조선시대부터 뜬금없이 반월성이라 불려 오늘에 이른다.

당연히 동경시대에 사용하였던 신월성 또는 월성이라 부르는 것이 타당하다.

이것을 참고한다면, 부여夫餘 금성산성金星山城 반월성과 고려高麗 개성開城 반월성 공통점은 반달인데, 혹 서라벌 금성처럼 신월성이나 월성이 반월성으로 둔갑한 것은 아닌지 모를 일이다.

신월성 주변을 살핀다.

초승달처럼 생긴 지형에 금성이 세워졌고, 동쪽으로 동궁인 월지와 임해전 그리고 그 어디인가에 존재하였을 나을신궁을 가늠할 수 있다. 그리고 동북쪽으로 첨성대가 우뚝 이를 내려다보고 있다.

어떤 완벽한 지형 구조를 암시하는 것이라면, 분명 밝혀내야 할 역사적인 사건이다.

시기적으로 신월성이 제일 먼저 축조되고 나서 첨성대가 세워졌고, 그리고 문무대왕이 월지를 조성하였다는 역사적인 기록을 참고는 한다. 그런데 신월성과 첨성대 그리고 월지가 어떤 연관 관계가 있는 것은 아닌지 모를 일이다. 다만 위치적으로 한 군데 있다는 이유만으로 이렇게 속단하는 것은 논리적이지 않다. 그러나 우리가 혹여 이들의 관계에 있어 무심히 지나친 것이 있다면 살펴볼 과제이다.

신월성 동쪽 선덕여왕 무덤이 있다는 낭산 자락에는 문무대왕 자취와 밀접한 사천왕사지四天王寺址와 능지탑陵旨塔이 있다. 그런데 소위 능지탑의 '능지陵旨'라는 이름의 근거를 어느 기록에서도 찾을 수가 없다. 그리고 조각가 양지良知가 제작하였다는 녹유사천왕綠釉四天王 모습이 불교에 근거하였다고 주장을 하지만, 그렇지 않다는 이견도 많다. 문무대왕을 화장하였다고 추정하는 곳인데, 본래 이름과 모습도 제대로 알 수 없는 지난 세월의 유적지일 뿐이다.

경주시에서 발굴작업을 과학적으로 치밀하게 진행하겠지만, 혹여 서라벌의 위대한 비밀이 다시 수천 년 동안 땅속에서 잠을 자지는 않을까 우려된다.

다만 1,500년 전, 세계 어느 도시에도 뒤지지 않는 금빛 찬란한 금성의 위엄에 걸맞게 천년 서라벌이 다시 한 번 금성인 계명성啓明星을 이끄는 초승달처럼 찬연히 빛나기를 바랄 뿐이다.

지금 경주慶州라는 지명은 고려高麗 건국 때 지어진 이름이다.

신라가 망하면서 이름이 경주慶州로 바뀐 것이다.

어쩌면 지명을 경주보다는 서라벌 또는 신라라는 이름으로 복원하는 것이 바른 역사가 아닌가.

동경인 금성은 세계역사를 새로 쓸 정도의 위력을 지닌 초승달 도시일지도 모른다.

한마디로 세계사를 좌지우지할 역사의 화약고일 수도 있다.

우리는 이것을 간과하면 안 된다.

서라벌에는 지금도 초승달이 깃발처럼 나부끼고 있다.

우리는 서라벌 금성의 지난날을 밝은 태양 아래서 자랑스럽고 위대하게 바라보아야 한다.

어산 박용숙은 이 글을 읽고서 전화로 내게 이런 이야기를 하였다.

'박선생. 그 데이터에 쓴 것, 나 읽어봤거든요.
참 좋은 거요. 나중에 우리 한번 화두를 삼읍시다. 나도 옛날에 거기에 관심이 많았었는데, 그 데이터를 보면서 생각나는 것도 있고, 새삼 깨달은 것도 있고 그렇네요.'

봄비가 세차게 내리던 서라벌 신월성에서 이런저런 생각을 하며 걸었고, 월지와 첨성대 주변을 비닐우산을 쓰고서 배회하던 쓸쓸한 나그네 같았던 내가 눈에 아른거린다. 그리고 신라가 숭배하였던 초승달과 월지에서 발견된 나무배와 신기한 남근목 그리고 사천왕사 부근 낭산 어디엔가 있는 선덕여왕 무덤을 머릿속에 그려도 보았다.

사실 신월성이라 하였으나, 신라를 초승달(Crescent moon) 나라라고 하기에도 애매한 부분은 있다. 박혁거세는 신라를 금성金城이라고도 하였으니, 초승달보다는 금성金星과 더욱 가깝다 할 수 있다. 즉 초승달이 뜰 때 금성과 함께 찾아와 좀생이혼을 전한다는 플레이아데스성단을 영접하는 바로 그 '신월新月'의 상징이라고도 할 수 있기 때문이다.

서라벌 신라를 제대로 알기에는 아직도 많은 것이 필요하다.

어산 박용숙은 숫자를 알려면 우선 게마트리아Gematria를 파악하여야 한다고 하였다.

"오늘날 우리에게 알려져 있는 천문학 자료들, 예를 들면 유대교 랍비들 기록이나 천문학자(점성술사) 무리가 남긴 칼데아 수비학, 피타고라스 수비학 그리고 카발라 기록들은 모두 점토판이나 양피지에 기록됐다. 이런 자료들을 게마트리아Gematria라 한다.
게마트리아는 기하학幾何學을 뜻하는 영어 단어 Geometry와 어원이 같다. 우리는 이들 천문학자를 〈여는 글〉에서 '목자牧子'라고 했다. 게마트리아는 이들 목자들이 하늘의 일을 관찰하면서 양피지에 숫자 기호로 별 위치와 그 동정을 기록한 것이다. 즉, 천문학 암호가 숨겨져 있는 숫자 혹은 별자리를 나타내는 숫자라고 할 수 있다. 이 게마트리아의 풀이법은 피타고라스 사후에 사라졌다고 한다."

수비학數比學은 무엇인가.
사전에 나와 있는 상식적인 이야기를 정리한다.
우선 수비학Numerology이라는 말은 숫자(Number)를 의미하는 라틴어 누메루스Numerus와 사고, 표현 등을 의미하는 희랍어 로고스Logos에서 나온 것이다. 그러므로 수비학은 '숫자의 과학'으로 풀이될 수 있다. 고대인들은 미래를 예언하기 위해 수비학을 사용하였다. 즉 이미 태고부터 숫자는 마법적인 힘을 갖고 있어서, 일정한 작용을 할 수 있다는 믿음이 형성되어 있었던 것이다.
고대 인도에서는 수를 신성神聖에 가까운 것이라고 생각하였는데, 수의 신비적 속성에 대한 이러한 믿음이 바로 수비학 요체를 형성하게 된다. 수비학자인 피타고라스는 '숫자들이란 무한에 경계를 짓는 것이며, 사물의 참된 본성을 구성한다. 그리고 모든 개념들은 숫자로 표현될 수 있다'라고 하였다.

수비학은 칼데아Chaldean, 피타고라스Pythagorean 그리고 카발라Kabbalah를 들 수 있다.
최초 수비학은 칼데아에서 기원하였다.
칼데아는 메소포타미아 남부지역에 자리 잡고 있는데, 이들 문명은 서구 문화 기원으로 여겨지고 있다. 즉 기원전 3,500년경부터 12에서 60진법까지를 사용했음을 나타내는 자료들이 있으며, 이것은 10진법을 사용하는 히브리인, 셈족, 페니키아인, 아랍인, 인도 아리아인들, 이집트인들과는 전혀 다른 체계이다.

칼데아 수비학을 누가 먼저 시작했는지 알려졌지 않지만, 최소한 피타고라스보다는 오래된 것이라고 한다. 칼데아 수비학 체계에 따르면 모든 글자는 1부터 8까지 숫자로 치환될 수 있다.

칼데아 수비학에 따른 점술은 신비적인 것으로 알려져 있다.

따라서 때때로 신비적 수비학이라고 불리우며, 피타고라스 체계보다 사용하기 어렵다고 한다. 재미있는 것은 칼데아 수비학을 사용한 점술은 피타고라스 수비학 점술과는 여러모로 반대되는 면을 보여준다는 것이다. 즉 이름에 쓰인 글자를 숫자로 치환하는데 칼데아 수비학은 태어났을 때 얻은 이름이 아니라 그 당시에 가장 잘 알려진 이름을 사용하며, 그 순서도 역순으로 한다는 사전적 설명이다.

《천부경》 진면목으로 들어가는 건널목이 가파르기만 하다.

《수경數經》이라 할 수 있는 《천부경》을 읽기 위하여 숫자에 대한 이야기를 나름 정리하였다.

허신許愼(58-147) 육서법六書法을 좇아 '수數'를 별이름 '루婁'와 '칠 복攵'인 회의자會意字라고 풀 수도 있다. 그리고 별자리 '루婁'는 28수宿에서 양羊자리이며, 우리나라 황도黃道 별자리인 가을 하늘을 수호하는 백호白虎에 해당하는 서방칠수西方七宿에 속하는 별자리라 한다. 때문에 이러한 별자리 의미를 도외시하면 '수數'를 알 수는 없을 것이다. 그리고 우리가 사용하는 별자리에서 '자리'라는 뜻도 의미심장하다.

《천부경》의 길은 하늘(일日, 일一)에 여러 별처럼 까마득하다.

4

수數에 대하여

4 수數에 대하여

산수算數는 쉬워도, 수학數學은 어렵다고 한다.
수학은 어렵지만, 산수야 모를 것이 무엇이냐 하는 것이다.
'하나를 보면 열을 안다'는 말이 있다.
하나를 보고서도 열을 안다면, 열을 보고서 하나도 알아야 한다는 가르침으로, 평범한 것 같지만 누구에게나 어려워 속담으로 생명력을 얻은 것이 아닐까. 그리고 셈법인 산수 곳곳에 그 까마득한 천문학 상징이 숨어 있다면, 이야기는 달라진다.
이미 거론하였지만, 《삼국유사》에서 단군은 '수로 천하를 다스린다(數意天下)'라 하였다.
환인시대부터 입으로 전하여 졌다는 산수 셈법 《천부경》.
단군이 천하를 다스린 역량은 수에 담긴 의미를 세세히 파악하였기에 그렇다고 한다. 단견이지만, 많은 사람들이 《천부경》에 다양한 의견을 내는 것은, 수를 다르게 보기 때문이다.
다른 말로 하자면, '수數'를 우리는 잘 모르고 있다는 것이다. 주먹 쥐고 구구식으로 한다면 못할 것도 없지만, 그 길이 멀고도 멀기에 말이다. 아무튼 운수運數나 재수財數 등 우리가 좋아하는 곳에서 '수數'는 빠지면 안 된다.
그러기에 '수數'는 헤아리기에 어렵고도 어렵고, '수數'는 헤아리기에 많고도 많다.

一

'일一'은 세워도(丨) '일'이고, 뉘어도(一) '일'이다.

전 세계에서 유일하게 우리는 '일一'을 세워도 일(丨)이라, 뉘어도 일(一)이라 읽는다.

세운 '일丨'과 뉘운 '일一'을 도상으로 간결하게 상형화시켰다고는 하지만, 정작 그 시작(시始)인 처음과 그 마침(종終)인 끝은 누구도 알지 못한다.

'일一'을 이렇게 설명해야 하는 것은 , '일一'이 어렵기 때문이다.

첨언하면, 중국인은 '일丨'을 '이〔yi〕'라 '일日'을 권설음捲舌音 '르〔ri〕'라 발음한다. 우리는 '일丨'도 '〔일〕'이라 '일日'도 '〔일〕'이라 읽는다. 태양을 중요하게 여긴 우리 겨레의 자부심이다.

먼 나라 발칸반도 피타고라스는 '1'을 '알지 못하는, 지각 불가능한 수'라 하면서, '1'은 한 해 시작이라고도 한다.

그 영향인지는 몰라도, 천문학자들은 일년一年을 회귀년回歸年(Tropical year)이라 한다. 지구가 한 바퀴 회전하였다는 뜻이라 한다. 천문고고학자 호킨스 Hawkins(1928-2003)는 회귀년 출발점을 '별보기(Star-mark)'라 하였고, 이 별보기로 '역曆(Calendar)'이라는 이름의 시간표인 달력을 만드는 일을 바로 '일'이라 하였다고 한다.

우리는 둘 중 하나를 선택하는데 익숙하다.

그 선택은 올바른 것인가.

그렇다면 '일一'과 비슷한 음가를 가진 '일日'은 양陽인가 음陰인가.

소위 《주역》에 정통하였다는 학자들 견해를 들어보면 알 듯 모를 듯 머리만 아프다.

사실 우리는 태양(일日)을 양으로 보지만, 음이라고 말하는 사람들도 적지 않기 때문이다.

그런데 양과 음은 개별적인 것이 아니라며, 어산은 아래와 같이 설명한다.

"양陽에는 이미 음陰이 움터 있으며, 음陰에도 양陽이 움터있다. 이러한 관계를 3:7로 본다. 양陽이 70% 우세하다면 양陽이고, 음陰이 70% 우세하다면 음陰인 것이다.

자궁子宮은 양陽과 음陰을 다 갖춘 것이다. 즉 음양간통陰陽姦通의 침대이다. 거기에 정자精子인 빛이 화해和解의 금성金星같은 역할을 하는 것이다."

양을 양으로, 음을 음으로 양분하지 말아야 한다는 것이다.

'일一'이 까다롭다는 줄거리이다.

우리는 삼태극이라는 문화를 존중한다.

그리고 금성에 의한 춘추분점에서 중심축이라고 할 수 있는 지구는 음양이 뒤바뀌는 자기磁氣도 힘을 잃는 회오리가 일어나는 장소라 한다. 다시 말해서 춘분점에서 천상계를 관장한다는 청룡靑龍은 오른쪽으로 방향을 바꾸

- 삼태극三太極 -

면서 내려가고, 추분점에서 지상계를 관장하는 백호白虎는 왼쪽으로 방향을 틀면서 내려간다고 한다. 음양이 서로 통하는 소위 음양간통을 있게 하는 계기가 지구와 일 년에 두 번 만나는 금성 역할이라고 하는 것이다.

양태극兩太極과 삼태극三太極이 있다.

어산 박용숙은 이렇게 설명한다.

"한국 무속에서 사용하는 북에는 소나무로 만든 것도 있다. 북에는 삼태극三太極이 그려지고 북채에는 양태극兩太極이 새겨져 있어서 태극 도상이 샤머니즘과 관련 있음을 말해준다. 삼태극은 3수로 금성 상징이고 양태극은 태음과 태양 상징이다. 태양은 세상을 음양으로 이분화 한다. 해가 솟으면 지구는 온통 빛으로 뒤덮이지만 동시에 절반은 어둠으로 변하기 때문이다. 밝은 것은 선이라 하고 어둠을 악이라고 한다면 태양은 이분법 상징이 된다. 태양은 세상을 음양 이분법으로 확실하게 나눈다. 해가 뜨면 세상은 온통 빛으로 덮이지만 반대로 그림자 또한 만들어낸다. 우리가 이성理性이라고 부르는 것이다.

우리 무속에서 이 북을 북채로 두드리는 행위는 태양으로 금성을 두드리는 것이다. 이분법과 중성이 하나의 혼합체를 이루는 것이다."

우선 인문학 용어, '이성理性'이라는 단어가 눈에 생소하다.

해가 뜨면서 세상이 빛과 그림자로 나뉘는 것을 소위 인문학 용어 이성理性이라 하였다. 즉 밝은 것을 선善이라 하고, 어둠을 악惡이라 한다면 태양은 도리없이 이분법 상징이 되고야 만다는 것이다. 태양은 세상을 음양 이분법으로 확실하게 나누면서, 해가 뜨면 세상은 온통 빛으로 덮이고 반대편에 그림자 또한 만들어낸다는 것이다. 그런데 이러한 양단의 이분법을 깨부수는 중성中性을 이성理性보다 중요시한다는 것이다. 그래서 무속에서는 북채의 양태극으로 북에 삼태극을 두드리는데, 이러한 의식은 해와 초승달 그리고 금성, 바로 금성 출현을 축하하는 의식으로 보았다는 것이다.

어산 박용숙은 이분법 상징을 태양으로 보았고, 선과 악 한 침대에서 간통을 금성이 화해한다고 보았고, 금성 출현을 기원하는 상징이 바로 삼태극이라 여겼다.

2021년 10월 상달.
한국 인공위성 나로호가 발사되었다.
무엇보다 감동적인 것은 열(十)부터 거꾸로 세면서 '하나(丨)'가 되자 육중하고 거대한 우주선이 하늘로 늠름하게 서서히 치솟아 오른 것이다.
곧추선 당당한 '일(丨)'자가 공중을 향해 올라간다.
여태까지 본 숫자 형상에서 가장 감동적 모습이었다.
뉘어도(一) '일'이고, 세워도(丨) '일'인데, 하늘에서 땅으로 내려오는, 땅에서 하늘로 올라가는 모습은 다름 아닌 바로 이 '일(丨)'일 것이다.
어산 박용숙은 이러한 장관을 다음과 같이 표현하고 싶었을 것이다.

"우리가 살고 있는 땅은 멈춰있는 평지(평지부동平地不動)가 아니라, 하늘(천중天中)에서 3만 리를 올라가고 내려온다."

《예기禮記》〈월령月令〉에서 어산이 인용한 문장이다.
바로 천동설天動說이 아닌 인문학의 재해석 르네상스를 연 지동설地動說의 다른 모습이라는 것이다.
나로호 비상에서 〈월령〉의 숨은 의미가 와 닿는다.
삼三으로 가는 '하나(一)'에서 둘(二)로 넘어간다.

二

하늘[天]이 있어야 땅[地]이다.

땅[地]이 있어야 하늘[天]이다.

하늘과 땅 다음에는 당연히 사람이다. 사람이 있기에 하늘과 땅이다. 그리고 사람은 '이二'를 벗어날 수 없다고 한다. 다시 말해서 하늘과 땅 사이에서 사람이 살아가기 때문이다.

그리고 하늘만 있다면, 하나이기에 나누어질 것이 없다. 그런데 두 번째인 땅이 존재한다면 이야기는 달라진다. 흔히 말하는 상생相生의 조화라 할 수도 있고, 상극相克의 분열이라고 할 수도 있다. 그렇지만 음과 양처럼 대립의 소지가 있기에 항상 불안한 숫자이기도 하다.

독일 라이프니츠Leiniz(1646-1716)가 발명한 이진법二進法(binary)은 두 개 숫자만을 이용하는 수 체계이다. 0과 1의 기호를 쓰며 이들로 이루어진 수를 이진수라 한다. 십진법의 1을 이진법에서는 1, 십진법의 '2'를 이진법에서는 10, 십진법의 3을 이진법에서는 11이라 한다.

디지털Digital 가상세계에서 이진법 동력인 '0'과 '1'이 신세계를 구가하고 있다. 손가락digital과 발가락digital이 바로 디지털 동력인 것도 새롭다.

라이프니츠는 수비학 시작인 칼데아, 피타고라스 그리고 카발라를 파악하여 이진법을 설명하였을 것이다. 특히 이진법에서 '3三'을 '11'이라 한 것도 주목할 만 하다. 혹여 라이프니츠가 조선《천부경》을 보았다면, 이진법말고 다른 수의 조합을 연구하였을까. 특이한 것은 많은 학자들이 숫자를 말하면서, 1에서 10까지 그리고 12개월의 12와 24절기의 24를 설명하지만, 약속한 듯이 유독 '3三'이라 하는 '11'만을 건너뛰었기 때문이다.

혹여 11의 중요한 의미를 우리는 간과하고 있지는 않은가.

아무튼 이진법에서는 11을 3이라 한다.

三

'3三'을 우리는 셋이라고도 한다.
우리는 '3三'을 잘 알고 있는 듯하지만, 막상 설명하려면 쉬운 일이 아니다.

어산 박용숙은 '3三'을 인人(중성中性)이라 주장 한다.
생소한 말이지만, 어산은 해를 일一, 달을 이二 그리고 '삼三'을 금성이라 한다.
빛은 해이고 그림자는 달이며, 빛과 그림자는 서로 만날 수 없기에 금성이 있어야 빛과 그림자가 갈등을 풀고서 화해한다는 것이다. 그 금성 위력을 위대한 사람(인人)이라 주장하는 것이다. 여기에서 사람(인人)은 소위 민주주의 구성원이라는 허울 속에서 민중民衆이 아닌 선택받은 지도자이다.
이러한 줄거리를 이해하지 못하면 어산《천부경》은 스무고개처럼 난해해진다.

하늘과 땅에 이어 세 번째로 나타나는 자리, 음양오행설에 있어 음양이 오행으로 발전하여 세 번째 변화를 이루는 자리를 바로 삼이라 하였다.
일과 삼의 수 싸움이《천부경》본질이라고 할 수도 있다면서, 일一은 직선이고 '삼三'은 원이라 하였다. 그런데 일一과 '삼三'을 억지로 분리하면, 일一은 유일신唯一神이라 '삼三'은 바로 삼신三神이라 말해야 한다는 것이다.
그리고 노자老子(?-?)가《도덕경道德經》81장을 말하면서, 특히 왜 '3三'을 만물이 시작하는 수三生萬物'라고 하는지 반드시 알아야 한다고 어산은 주장한다. 다른 말로 하면 해와 달과 금성이 있어야 만물이 온전하게 존재한다는 말이다. '3'이 없다면 1과 2는 음과 양의 끈질긴 대립처럼 아무런 의미가 없다는 것을 강조하는 것이다. 즉 '3三'은 단순히 세 번째 수가 아니라, 일一과

이二에서 갈등을 조정하는 신성한 '수數'라는 것이다.

어산 박용숙은《시경詩經》에서 '순임금 때 천자가 십이장복十二章服을 입었다'는 이야기를 인용하는데, 그것을 정리하면 아래와 같다.

- 순임금 십이장복十二章服 문양 -
구글에서 인용

"천자의 옷에 그려진 열두 장의 그림. 여섯 개는 상의에, 여섯 개는 하의에 있다. 그 가운데 세 번째 그림은 진성辰星인데, 점 세 개를 찍고 이를 'ㅅ'자로 만들어 별이라 썼다.《시경》에서는 세 개의 점을 연결시킨 삼성三星을 삼參이라 썼고, 〈무가열두거리〉에서는 삼대三臺라고 했다.《일본서기》에서는 '전篆자로 구부러진 팔'이라고 했다. 이는 모두 각도를 말하는 것이다."

어산 박용숙은 '삼三'인 동시에 일一이고, 일一인 동시에 '삼三'이라 한다. 소위 원방각圓方角이라 하여 그 도상들이 각기 다른 것을 상징한다고도 하지만, 원방각은 형태만 다를 뿐 한 뿌리를 가진 가지 같은 것으로 여기는 것이다.

　십이장복 세 번째인 '진성辰星'의 점 세 개 찍은 'ㅅ'에 금성의 이데올로기가 숨어 있다고 한다. 이러한 영향에서 '대大', '태太', '인人', '태泰', '삼三', '이夷'자 나왔는데, 학자들이 이를 제대로 알아보지 못하였다는 것이다. 특히 '태太'자는 가랑이 아래에 좀생이 혼(ヽ)이 있는 글자이며, '인人'은 12장복에서 세 번째 등장하는 밑변 없는 삼각형이라 하였다. 여기에서 밑변이 없는 삼각형이라는 말은, 피타고라스 이등변삼각형 내각의 합은 180도와 같은 이치이고, 180을 셋으로 나누면 하나의 각은 60도인데, 이 60도는 금성이 지구를 만나기 위해 적절한 각도를 유지하면서 제 갈 길을 간다는 것을 말한다는 것이다. 참고로 예로부터 점성술에서는 60도를 길한 것으로, 180도를 흉한 것으로 판단하였다고 하니, 180도는 60도를 만들어내기 위한 하위개념으로 보아야 한다는 것이다.

　어산 박용숙은 '인人'자는 사람을 지칭하는 글자가 아니라, 대大, 태太, 태泰와 마찬가지로 양성兩性을 뜻하는 금성이라 하였다. 특히 태太는 하늘에서 좀생이혼이 내려오는 모습을 뜻한다고 말한다. 태太에서 큰 대大의 획수는 3획이고, 별 모양 5각형 모습을 상징할 수 있다는 말이다. 누구나가 말하는 별 모양 5각형은 바로 '3'에 뿌리를 두고 있었다는 이해이다.

　누구나가 《천부경》에서 '일시무시'와 '일종무종'을 파악하려면, '삼三'을 모르면 안 된다고 한다. '일시무시'로 시작하여 '일종무종'으로 끝나는 《천부경》은 《주역》에서 말하는 '천량지天兩地'에 근거한다고 말한다. 불교에서는 '과거와 현재 그리고 미래가 하나(삼세일종무종일三世一終無終一)'이라 한다. 이 또한 천량지天兩地 개념인 것이다. '일시一始'나 '일종一終'은 일직선을 가리키는 것으로 지구가 멈춰있다는 천동설 개념이라는 것이다. 그러나 《천부경》에서 '양兩'이 양쪽을 껴안는 것은, 직선을 연결하여 원圓을 만든다는 뜻으로 지동설 개념으로 이해한다는 이야기이다.

그런데 역사적으로 둘의 전쟁에서 '일一'이 승리하고 '삼三'은 몰락한다.
이는 수메르와 바빌로니아 지중해 문명시대에 발생하였던 이야기라 한다. 그 이야기가 《산해경山海經》에 있다며, 이러한 근본을 내팽개치고서 뒤죽박죽 만신창이가 되어버린 세계사에 대하여 어산은 못내 아쉬워한다.

김부식이 인용한 《고사》에는 두 개 돌을 세우고 그 위에 하나로 덮는다는 표현이 있는데, 우리에게는 정말로 익숙한 고인돌 모양새이다. 기록은 이를 '팔괘사상八卦思想'과 '양의일태극兩儀一太極'의 의미라 하였다. 빛과 그림자가 둘로 나뉘어 씨름한다는 복희의 팔괘 이미지로서, 지구 자전과 공전의 메타포임을 암시한다고 어산은 말한다.

재미있는 것은 조선 도읍都邑인 한양漢陽 서울 풍수를 보면 심상하지 않은 곳이 있다.

바로 삼각산三角山과 양수리兩水里다.

사람들은 산수 좋은 길지吉地 개념 정도로 알고 있을 뿐이다.

우리 서울이 세계적인 도시로 발돋움한 요인을 한낱 풍수로 돌리고 싶지는 않다. 다만 산자수명한 서울을 있게 한 삼각산과 양수리를 더듬어 보자는 것이다.

삼각산도 셋, 양수리도 북한강과 남한강 그리고 한강이니 셋이라 할 수 있다.

산도 '3(셋)'이고 물도 '3(셋)'인 서울을 입체적으로 조망한 것이다.

그 내용을 다음과 같이 정리하였다.

삼각산三角山과 양수리兩水里

삼각산三角山

대한민국 수도 서울 상징은 한강漢江과 삼각산三角山이다.

산빛이 곱고 강물이 맑은 산자수명山紫水明한 아름다운 마을이 서울이다.

서울을 울타리처럼 품고 있는 삼각산 소재지는 경기京畿 고양高陽이다. 삼각산 약 92%가 고양시에 위치하고, 나머지는 경기 양주楊州이다.

어찌어찌하다가 우리는 이 영산 삼각산을 북한산北漢山이라 부르고 있지만, 기록으로는 고려시대부터 삼각산이었으며, 백운봉白雲峰(837m) · 인수봉人壽峯(803m) · 만경대萬景臺(800m) 세 봉우리가 삼각형을 이룬다고 하여 그리 지었다고 전한다. 신라시대에는 인수봉이 마치 어린아이를 업은 모습과 같다고 하여 부아악負兒岳이라고도 하였다.

그런데 북한산이라는 명칭을 신라 진흥왕眞興王 때부터 사용하였다는 이야기가 있다. 비봉碑峰 진흥왕순수비眞興王巡狩碑에 관련된 자료에 북한산이라는 지명이 나와 북한산 진흥왕순수비라고도 한다. 그런데 확실한 문헌에 의한 사실 확인은 아닌 것 같고, 이러한 내용으로 설왕설래하고 있으니, 그 자료의 신빙성과 존재는 명확히 밝혀져야 할 것이다.

지금 일각에서는 삼각산이라는 의미심장한 이름을 일제강점기에 북한산이라 개명하였다고 주장하면서, 뒤늦게 제 이름 찾기 운동이 벌어지고 있는 안타까운 현실이다.

정녕 삼각산三角山 함의가 무엇인지, 그것을 우리는 제대로 알고 있는 것일까.

가노라 삼각산아 다시 보자 한강수야
고국산천을 떠나고자 하랴마는
시절이 하 수상하니 올동말동 하여라.

병자호란丙子胡亂 때 청나라에 대항하여 끝까지 싸울 것을 주장하던 김상헌金尙憲의 피맺힌 절규이다.
 그는 조선朝鮮에 산은 삼각산이요, 삼한三韓에 물은 한강수라 하였다.
 망한 나라를 비록 지금은 떠나지만, 삼각수와 한강수가 존재한다면 조선은 누구도 어쩔 수 없는 우리 조국이라는 것을 강조한 말이다.

양수리兩水里

경기도 양평군楊平郡 양서면楊西面 양수리兩水里.
 북한강과 남한강이 하나 되어 한강이다.

 삼척군 대덕산에서 발원한 남한강과 강원도 금강산에 용솟음한 북한강이 비슷한 수량으로 흘러와서 소리 없이 합쳐지는 두 머리. 본류인 남한강은 강굽이가 발달하여 물 흐름이 느리고 강 너비가 살쪄 많은 선사 유적지를 품어냈으니 어머니 같은 강이며, 지류인 북한강은 곧고 물 흐름이 빨라 아버지를 떠올리는 물줄기다. 이 두 흐름이 이곳에서 서북방향으로 가다가 팔당八堂을 지나 다시 광나루·뚝섬·여의도·행주를 거쳐 서해로 빠져나가는데, 그 자취가 1,300여 리에 이른다.
 포도밭이 지천이고 수양버들 휘휘 늘어진, 그 풍요로운 강줄기 따라 가인

- 양수리(두물머리) -

과 묵객들 발자취로 붐볐다. 모두 하나같이 입을 모아, 이곳이 바로 조선 최고 명승지라 노래하였다.

양수리兩水里는 서울을 낳고 도시를 살찌웠다.

우리는 양수리를 두물머리 또는 두머리라 부른다.

북한강과 남한강이 만나는 양수리, 두 물줄기가 하나 되는 머리 같은 곳이다.

그런데 지명이 아무래도 부자연스럽다.

두물머리동네라 한다면 양수수리兩水首里라 하여야 하고, 두머리라 한다면 양수兩首라 하여야 타당한 것 아닌가.

지금 우리가 부르고 있는 '양수리兩水里'라는 말은 아무래도 앞뒤가 맞지 않는 것 같다.

물론 '양兩'은 북한강과 남한강이 만나는, 즉 남한강인 음과 북한강인 양이 화합하는 깊은 뜻을 지니고 있다. 다만 두 머리라 한다면 양두兩頭 혹은 쌍두雙頭라 하는 것이 맞다. 그리고 정작 두물머리를 굳이 표현하자면 양수머리[兩水首]이니, 혹 다른 뜻이 억지로 이제까지 쓰였던 것은 아닌지 모른다. 마치 삼각산을 북한산으로 부르는 것처럼 말이다.

김상헌의 삼각산과 한강수를 새겨본다.

삼각산이 있어 한강수가 흐르고, 한강수가 있어 삼각산이 우뚝하다.

한강수를 양수兩水라고도 할 수 있기에, 삼각산三角山과 양수리兩水里는 원래부터 밀접한 관계이다. 일본인들에 의해 삼각산이 북한산으로 바뀌었다고 하니, 만에 하나 양수리兩水里도 본뜻을 잃어버린 엉뚱한 의미로 변질되었지는 않았을까.

서울은 한강과 삼각산을 품고 키우고 있다.

한 나라 상징인 한강 원류인 양수리와 울타리처럼 수도를 감싸고 있는 삼한의 삼각산, 그런데 그 엄청난 본래 이름은 사라진 것은 아닌지 한번 곰곰 생각해 볼 일이다.

대한민국 수도 서울을 감싸고 있는 삼각산과 양수리에 대한 소박한 나의 감상이다.

　어산 박용숙 천양지天兩地에 관한 숨은 뜻을 읽고서는 한양漢陽의 새로운 면모를 보게 된 것이다. 특히 양수리兩水里에서 '양兩'은 북한강과 남한강이 만나는, 즉 남한강인 음과 북한강인 양이 화합하는 깊은 뜻을 지니고 있다고 한다.

　우연인지는 몰라도, '양수리兩水里'에서 결합하여 잇는 '양兩'은 자못 끈끈한 무엇이 연결되는 엄청난 형용이다. 북한강과 남한강이 한강을 양쪽에서 협시協侍하는 근위대장처럼 느껴지는 것은 나만의 상념일까.

　산사에서 홀로 고적한 삼신각三神閣을 지나치면서 두 손을 모은다.

　'3三'은 숨겨져 진정한 모습을 쉽게 드러내지 않는다.

四

'4四'는 숫자 가운데서 모난 돌처럼 정을 맞는다.

'죽을 사死'와 음이 비슷하여 엘리베이터 버튼에서도 '4(사)'자를 안 쓰고 영어 'Four'의 이니셜 'F'를 쓰고 있다.

그런데 사계절四季節, 사방四方, 사지四肢, 문방사우文房四友 등을 보면 이야기는 달라진다. '4四'가 없다면 만물 구성이 짝짝 들어맞지 않는다. 역설적으로 만물 중에서도 중요한 것이 '4四'가 아닐까.

유머 같은 이야기가 있다.

"인인인인人人人人'을 어떻게 해석하는가.
사람이면 사람이냐, 사람이라야 사람이다."

심각한 농담 같지만, 무엇인가 뼈가 담긴 말일 것이다.

사람을 진정 말하려면 적어도 4번을 말해야 한다는 잠언箴言 아닌가.

'사四'는 '에워쌀 위口' 안에 '어진사람 인儿'이 있는 모양이니, '사四'는 '사람人'을 말하는 특별한 울타리로 작용한다고 하지 않을 수 없다.

다시 말하면 '사四'가 '사람人'를 품었으니, 결국 '사四'의 추구는 사람이다.

어산 박용숙은 '사람'을 이렇게 말한다.

"인人자가 일반적인 사람을 가리키는 말이 아니라 사실은 이집트의 아니 파피루스가 보여 준다. 뱀이 사람처럼 두 다리로 걷는 모습이 그려져 있다. 그 걷는 모습이 마치 인人자처럼 보인다.

고구려 고분에서 천정의 받침대는 구름 문양과 함께 북두칠성 장식이 그려져 있다. 주목할 것은 북두칠성에 사람을 의미하는 인人자가 들어있다는 사실이다.

《한서漢書》에서 7수가 사계절의 시작을 의미한다고 한 것으로 볼 때, 인人을 지구의 생명을 관장하는 북두칠성 의미로 읽는다고 해서 이상하지는 않다.

《예기禮記》에는 인人이 천지 덕이라고 하였고, 음양을 교류시키는 귀신이라고 하였다.

8세기 문헌인《원인론原人論》은 인人이 삼재三才 가운데 최고의 영적 존재이며 인간의 본원本源이라고 하였고,《정몽正蒙》에는 인人이 천天의 귀신으로 지상으로 왕래한다고 썼다. 숫자 3이 인人이고 금성 이데올로기를 말한다는 것을 확인해 주는 것이다.

《환단고기》에서 '북부여가 인人을 나라의 법(人爲本邦之道)으로 삼는다'라고 한 것 역시 이를 말한다."

'인人을 지구의 생명을 관장하는 북두칠성의 의미로 읽는다'고 해서 이상하지는 않다고 말한다. 어산은 이 이야기를 하기 위해서 고독한 시간을 보냈을 것이다.

어산 박용숙은《천부경》에서 '삼사성환, 오칠일묘연三四成環, 五七一妙衍'에서 삼三을 삼태三台인 해와 달과 금성으로, '4四'를 우리가 사는 지구의 사계절이라 말하고 있다.

사계절이 있는 지구.

지금까지 밝혀진 우주에서 자전과 공전을 하는 유일한 행성인 지구.

우리는 사계절 중요성을 간과하고 있기 때문에, 지구의 그 중요성을 모르고 있다.

어산 박용숙은 이 근본적인 문제에 대하여 이러한 주장을 한다.

"지구가 태양과 일정한 거리를 두고 타원형을 지으며 회전한다면 어떻게 봄 여름가을겨울이 생기는 것일까. 덥고 추운 기온 차이는 물론이고 밤낮의 길이까지 등분等分되는 춘추분점春秋分點은 어떻게 존재하는가. 이것은 인류가 짊어지고 있는 최대의 수수께끼이다."

금성이 없다면 지구에 사계절이 생길 수 없다고 말하는 것이다.

극지방 추위와 적도지방 더위는 금성 궤도에서 벗어난 비문명권 지역이라고 치부하고, 황금벨트지역 위도35도 언저리에서 분명한 사계절을 강조하는 것이다.

다시 말해서, '삼사성환三四成環'에서 '삼三'을 금성이라, '사四'를 사계절이라 말한다.

五

사람을 근본으로 한다는 인본人本은 종교와 철학에서 가장 심오한 주제이다.

특히 우주 삼라만상 중심이며 만물의 영장, 사람은 바로 '오五'에 뿌리 깊게 근거한다고 말할 수 있다. 우리 한겨레는 우리나라를 오동방吾東方 혹은 오동국吾東國이라 하였고, 구한말 최남선崔南善은 〈독립선언서獨立宣言書〉 시작을 오등吾等이라 하여 한국 위상을 높였다. 여기에서 서로 '오吾'의 본질은 세계에서 유례를 찾아볼 수 없는 바로 '우리'의 귀중한 고유 개념이다.

《옥편玉篇》에서 '오吾'를 '나 오, 땅 이름 아'라 훈訓을 달았는데, 그러한 이유가 진정 간단하지는 않을 것이다.

위대한 한국인은 습관적으로 '우리'를 사용한다.

'우리 마누라', '우리나라', '우리 마을' 등등이다.

특히 미리내를 우리는 '우리 은하수(Our Galaxy)'라 한다.

이 '우리'는 숫자 '오五'에 분명 뿌리를 두고 있다.

어산 박용숙은 송나라 주자朱子(1130-1200)는 '오五'와 십十은 하는 일이 없다고 하였고, 퇴계退溪 이황李滉(1501-1570)도 십十은 쓰지 않는 수이며, 땅의 자리인 중앙 오십五十도 비워 놓고 쓰지 않는다고 하였다.

그러나 '오五'와 십十은 보이지 않는 수가 아니라, 모순되는 수의 갈등을 해결하는 영묘한 기능 수라 한다. 회오리처럼 선풍을 일으키며 율려律呂를 조화시키는 궁음宮音같은 '오五'를 태극도설 주자는 왜 무시하였을까. 그렇게 하여서 〈하도〉 움직임을 제대로 볼 수는 있었을까.

전자篆字에서는 좌우를 교감시킨다는 X를 '5五'라 한다.

'5五'를 하늘과 땅이 합치는 가운데(中) 자리라 하며, '5五'는 바로 '마고 십자

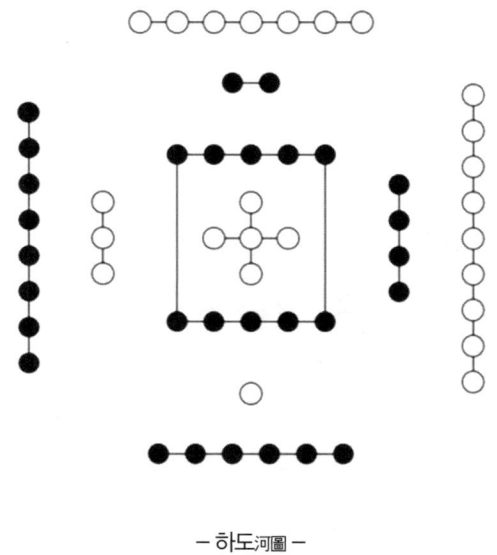

— 하도河圖 —

축'으로, X十의 상징이라 어산은 말한다.

"X는 한자의 爻(본받을 효)와 같다. 이는 5五의 옛 글자로서 음양이 천지간에 서로 꼬이는 모양새를 본뜬 글자이다. 5五는 둘이 합쳐지면 천지의 수 10十이 된다. 이는 또한 수 10十을 반으로 꺾으면 5五가 둘이 된다는 뜻으로 《역경》에서는 음양의 괘이다. 용이 꼬리를 물고 있는 모양(육효六爻)을 '꼬인다'의 의미로 읽는다. 《설문해자說文解字》에는 이 '꼬임에서 신령이 나타난다'고 되어 있다. 곧 X十은 우주축이고 좀생이혼이 오르내리는 DNA 사다리이다. 《역경》에서는 이를 '오십토五十土'라고 말한다."

수 '10十'을 반으로 꺾으면 '5五'가 둘이 된다는 뜻으로 《역경》에서는 음양의 괘라 하였다고 설명한다. 흥미로운 접근이다. '효爻'가 두 개 모이면 10十이라 하였다. 다시 말해서 '효爻' 하나는 양이고, 다른 '효爻' 하나는 음이라는 이야기다. 그리고 10十에서 갈라진 음과 양이 삼새끼줄처럼 꼬이면 신령이 나타난다고 하는 것이다. 여기에서 신령은 물론 어산이 말하는 좀생이혼이다.

특히 용이 꼬리를 문다는 의미는 원초에 서로 대립하는 두 개 원리가 되는 빛과 어둠이 있었는데, 이 두 원리가 서로 충돌하여 자신의 꼬리를 문 거대한 용이 되었다고 말한다. 다시 말하여 용이 자신의 꼬리를 물었다는 것은 빛과 어둠의 카오스Chaos를 스스로 화해할 수 있는 능력을 말하며, 세계사를 한마디로 설명할 수 있는 용 그 자체는 우주의 축軸임을 증명한다는 이야기이다. 그리스인은 이를 우로보로스Ourobolos라 하여 '꼬리를 삼키다'는 무한대 역량이라며 신성시하였다고 밝힌다.

그의 설명은 이어진다.

《천부경》에서는 '5五'를 지구 자천축이라 말한다.

《설문해자說文解字》에서 '5五'를 오행五行이라 하였다. 오행에서는 천지간 음양이 꼬이는데, 이를 교오交午라 한다. 교오는 정오正午에 빛과 그림자가 교차한다는 뜻으로《중용中庸》에서는 이를 '천하의 도를 깨닫는 일'이며, 이 교오가《천부경》'인중천지일人中天地一'로 이해된다고 한다.

한마디로 오행은 빛과 그림자가 지구 자전과 공전궤도에서 셋과 둘로 나뉘어 3:2 비례가 된다는 뜻이다. 한번은 동지점에서, 또 한 번은 하지점에서 그렇다. 즉 천문학적 3:2 비례가 증명되는 것이다. 즉 천문학적 3:2 비례는 지구가 하지점에 이르렀을 때를 3, 태양과 가깝고 동지점에 있을 때 가장 멀다고 할 때를 2라고 말하는 것이다. 그리고 이러한 비례에서 그림자와 빛의 흐름과 그 자리가 서로 바뀐다고 한다. 즉 하지점과 동지점에서 각기 3:2 비례가 되어 음양의 세력이 역전된다고 하는 것이다.

이는 지구와 금성과 랑데부에서 일어나는 우주쇼라 한다.

대야발이 말하는 '5五'는 지구 자전축이다.

어산 박용숙은 '궐厥'이 '5五'라 한다. 궐은 차바퀴 중심이다. 궐은 자전과 공전하는 지구 자전축(정축正軸)이고, 이곳에서 빛과 그림자, 낮과 밤 길이가 같아지거나 서로 교차한다고 밝혔다. 그러니까 지구 자전축인 궐이 사물의 판단이나 사상이 일어나는 곳이며, 해탈자(영주靈主)가 생기는 영험한 자리인 영대靈臺라는 것이다.

따라서 '5五'는 영혼이 33천을 오가는 이승과 저승의 플랫폼이라 할 수 있다고 하였다. 그리고 궐은 돌로 쌓은 엎어놓은 돌사발(天井·Zenith)로 지구 자전축에 있다는 것이다.

초기 《불경佛經》에서 말하는 큰 언덕이라는 아함阿含은 보물을 보듬는 상자 화함華函의 함函과 연관이 있다고 한다. 적멸보궁 같은 꽃바구니가 있는 언덕은 지구 자전축이고, 그곳은 세계 인문학자들이 갈구하였던 엎어놓은 사발이 있는 곳이라는 사실을 어산은 말한다.

그런데 그 사발 안에는 무엇이 담기는 것일까.

1946년 경주 노서동路西洞 이름 모를 고분에서 발견된 청동기물 호우는 높이 19.4cm이고 배 부분 지름이 24cm라 한다. 고구려 장수왕長壽王(394-491) 3년(415년)에 제작된 것으로, 서라벌에서 출토되어 고구려와 신라 역사를 재구성하는데 있어 중요한 자료라고 한다. 천하를 호령하였던 광개토대왕(374-413)이 죽고서 아들 장수왕은 아버지 솥단지를 온존하게 지켜 낼 수 있었을까. 2019년 공영방송 KBS에서는 신라17대 내물마립간奈勿麻立干의 아들 복호卜好가 잡혀갔을 때, 장수왕으로부터 하사받아 가져왔다고 추정하였다. 그렇지만 경주 무덤에다가 깨진 그릇을 머리맡에 소중하게 부장품으로 모셨다는 것에 대하여는 누구도 설명하지 못하고 있다.

어산 박용숙은 호우총壺杅塚에서 발견된 청동 솥단지 호우壺杅를 거론한다.

- 호우壺杅 -

"청동그릇 밑바닥에는 '고구려의 담덕談德이 을묘년乙卯年에 국강상國岡上에 올라 호태왕好太王이라는 호를 받았다'고 새겨져 있다. 호태好太는 금성의 이미지로 중성, 이른바 깨달은 자를 뜻한다. '국강상에 올랐다'는 문장의 의미는 언덕 강岡자에서 힌트를 찾을 수 있다. 《자전字典》이 강岡을 '북두칠성'이라고 풀이하고 있기 때문이다. 그러므로 국강상에 올랐다는 말은 나라의 언덕인 우주축 X十에 올랐다는 의미이다."

국강상에 올랐다는 말이 나라의 언덕인 우주축 X十에 올라탔다는 의미라 한다.

나라의 언덕인 우주축 X十의 시작은 바로 '5五'이다.

그리고 호우에서 '5五'는 무엇인가.

어산 박용숙은 '국강상광개토호태왕國岡上廣開土好太王'이라 한다. 그러나 청동그릇에는 분명 '국강상광개토지호태왕國罡上廣開土地好太王'이라 새겨져 있다. 어산은 북두칠성 '강罡'을 언덕 '강岡'이라 하였다. 실수인지는 몰라도 '강罡'과 '강岡'을 혼용하였다. 느낌상으로 '언덕 강岡'보다는 언덕 의미도 있지만 북두칠성을 칭하는 '강罡'이 더 무게감 있다. 지금 중국 집안集安에 주인을 잃은 채 서 있는 광개토대왕비廣開土大王碑 서체와 동일한 것을 감안하면 '국강상광개토지호태왕國罡上廣開土地好太王'이 바른 표현이다. 그리고 '호태왕好太王'이라 말들을 하지만, 누구도 '호태好太'가 진정 무엇을 말하는지 파악하지 못하고 있는 우리 역사이다.

그런데 여기에서 '지地'라는 문자가 생경해 보인다. 우리에게 친숙한 이름은 '국강상광개토호태왕國岡上廣開土好太王'이기 때문이다. '지地'가 들어간 청동기물 중에서 이 호우가 처음인가, 우리가 몰랐지만 관례적으로 썼던 문자인가.

금문金文에서 문자 쓰임에 있어 '5五'와 광개토태왕을 상징하는 문장文章 고체자 '정井'을 같은 의미로 여긴다. 이 '정井'은 5획이다.

그리고 '을묘년乙卯年'이라 하지만, 청동그릇 밑바닥에는 분명 '은묘년ㄴ卯年'이라 새겨져 있다. '을乙'과 '은ㄴ'은 무슨 차이인가.

그런데 호우 명문에 특이하게도 '점'이 많다.

'강罡', '광廣', '토土', '지地' 그리고 '태太'에 점이 찍혀 있다. 물론 '광廣'과 '태太'에서 점을 획이라고도 할 수 있다. 그런데 그 점이 '강罡'과 '토土'와 '지地'에서 점과 유사한 형상이니, 그것을 간과할 수는 없다. 따라서 점은 다섯 개라 할 수 있다.

호우에서 점 다섯은 무엇인가.

그릇 상단에 소위 해시태그처럼 생긴 '#'을 뒤집어 놓은 부호가 색다르다. 그 부호가 '정井'이라 한다면, 끝에 '십十'의 의미도 함께 분명하게 파악하여야 할 것이다. 학자들은 맨 끝에 새겨진 '십十'에 대하여, 호우 솥단지를 열 개 만들었다고 거침없이 이야기한다. 그래서 노서동에서 출토된 호우가 바로 고구려에서 만든 열 개 중에서 마지막으로 만든 열 번째 그릇이라는 것이다. 그렇다면 청동그릇을 만들 때, 수고롭게도 열 개 거푸집을 따로따로 만들면서 순서를 정하였다는 우스운 옛날이야기가 된다.

또한 뚜껑(개蓋)과 명문을 새긴 그릇(기器)이 무참히 깨진 이유는 무엇이고, 특히 광개토대왕 문장 '정井'에서 '점'이 빠진 이유는 무엇인가.

국립중앙박물관에서 X-ray로 촬영한 자료를 보면, 선명하게 '정井'이지 점이 있는 '정井'이 아니다. 혹여 '정井'에서 빠져나온 점이 스스로 찾아간 곳이 '지地'라면, 하늘 천정天井에서 이 땅으로 내려온 토지호태왕土地好太王이 국강상광개토대왕이라는 말로도 된다.

-호우-

《화엄경華嚴經》에서 사람이 사는 그릇인 지구를 기세간器世間이라 한다.

그 내용을 호우에 대입시켜 뚜껑을 살펴본다.

상투처럼 아니면 연꽃 봉우리처럼 꼭지가 달려있고, 꼭지 주변에 열 개 꽃무늬를 장식하였다. 뚜껑(개蓋) 주위를 돌아가며 한 줄 동심원과 다시 간격을 두고 세 줄 동심원이 두 개 있다. 그릇(기器)에는 맨 위에 동심원 한 줄, 몸체 중앙에 세줄, 아래쪽에 세줄, 밑바닥 굽처럼 한 줄을 둘렀다. 뚜껑에서 한 줄과 그릇에서 두 줄 동심원을 빼면, 솥단지에는 선명하게 새겨진 세 줄씩 4개가 있으니, 열두 줄이 된다.

뚜껑 한 줄과 그릇 두 줄 동심원은 세 줄이다. 결국 세 개 원 사이에서 돌고 돌아가는 12개 동심원을 보는 것이다.

어산 박용숙은 '12'에 대하여 다음과 같은 이야기를 하고 있다.

> "환력桓曆은 지구 자전 공전의 비디오를 달력으로 표현한 것이다.《고기》가 '환력의 원리에 12변색(일십이변색日十二變色) 이 있다'고 쓴 것도 주목거리이다. 또《고기》는 '환력이 밤과 낮의 길이가 정확히 절반이 되는 12시를 기준으로 삼는다'고 말한다. 밤과 낮이 똑같은 날을 우리는 마고의 십자에서 춘분과 추분이라고 했다. 낮이 12시간, 밤이 12시간이다. 12변색이라는 말은 아침에서 해가 질 때까지의 열기를 12단계로 나누었다는 뜻이다. 12음률音律과 같은 개념이다."

빛과 어둠의 카오스Chaos를 화해한 무늬가 12라 한다.

빛이 6이고 어둠이 6이니, 빛과 어둠이 합치면 12가 된다는 것이다. 다시 말하면 청룡이 6이면 백호가 6이고, 빛의 청룡과 어둠의 백호가 주산主山을 중심하여 좌청룡 우백호로 돌고 돌면서 자리를 잡는다는 이야기이다.

만약 청동그릇 호우에 새겨진 열두 줄 의미가 어산이 말하는 지구 자전과 공전 시간을 상징하였다면 역사는 달라진다.

사물놀이패들이 채상 달린 상모를 돌리며 연꽃으로 장식한 농자천하지대본農者天下之大本이라 쓴 깃대를 마치 신령神靈을 대하듯 우주축으로 삼듯 에워싸고 돌고 돌아간다. 열두 발 긴 채상의 피지가 전립氈笠에서 허공을 회오리바람처럼 이리저리 가르면 태평소 나팔 소리에 너도나도 흥겨워하는 우리 겨레이다.

깨진 솥단지, 이 호우가 혹여 국강상광개토호대왕 신주단지이라면, 우리는 그 숨겨진 사연을 분명 알고 있어야 한다.

억지춘양 논리라 할 수도 있다.

그러나 맥 놓고서 그 사연을 규명하지 못한다면, 호우는 그저 어두운 전설 속을 떠도는 깨진 그릇 쪼가리일 뿐이다.

六

《주역周易》〈계사상편繫辭上編〉 2장에 이런 문장이 있다.

"육효의 움직임이, 삼극의 도이다.
六爻之動 三極之道也."

《주역》 64괘를 알려면 '육六'을 알아야 하고, '효爻'의 발전이 바로 '문文'이라 한다.

우리가 말하는 인문학人文學이 바로 천문학天文學 갈래이며 하위개념이라고 말하는 것이 그것이다.

특히 '육六'의 무늬는 한갓 사생寫生에서 상형이 아니다.

'육六'은 삶의 생사고락을 여는 키워드이다.

음가音價로 '육六'과 '육陸'은 《동국정운》에서 같다고 밝힌다.

즉 '육六'은 이 땅(육陸)에서 일어나는 모든 일을 말하는 것이다.

'육六'은 하늘과 땅인 공간과 봄·여름·가을·겨울의 시간, 시간과 공간의 만남에서 인간 삶의 생육 숫자를 말한다고 보는 것이다. 때문에 '육六'은 진정한 삶의 진정한 시작이며, 생성의 또 다른 플랫폼이다.

어산 박용숙은 다음과 같은 이야기를 한다.

"고창국高昌國에서 발견된 9세기경 유물에서도 꽃의 의미를 묻는다. 판화의 중심에 팔엽 연꽃이 있고 중심에 태극이 그려져 있다. 8이 팔괘라는 사실을 암시하기 위해 태극을 그린 것이다. 태극은 회오리이다. 또 중심의 꽃을 둘러싼 꽃은 모두 여섯 송이이며 그 꽃들은 모두 육엽이다. 6수는 묘성이며 좀생이 혼을 의미한다."

- 고창국 보상화문寶相華紋 연꽃무늬 -

고창국은 타클라마칸 사막 북동쪽, 지금 투루판 동쪽에 인접해 있던 고대 국가이다. 불교 성지이며, 부귀영화를 누렸던 나라 유물에서는 '육六'의 의미를 생생하게 말한다. '육六'은 '육育'과 음가가 같으니, 생성生成에서 중요한 '수數'라는 것을 강조한다. 그리고 그 생성은 회오리운동을 동반한다는 것이다. 팔괘와 태극은 회오리운동을 암시하며, 그 운동에서 여섯 송이 꽃이 피어난다는 것이다.

그 '6六' 수는 묘성昴星이며 좀생이혼을 말한다고 하였다. 육괘六卦가 움직이면 삼극三極의 도道가 된다는 《역경》을 이야기를 인용하면서, 육생六生 의미를 강조하였다.

어산 박용숙은 '육六'을 설명하기 위하여 광개토대왕을 이야기한다.

"김부식은 고구려가 광개토대왕18년(409년)에 둔황(동황성東黃城) 동쪽에 독산성禿山城 등 여섯 성을 축조하고 둔황(평양)의 민가를 그곳으로 옮겼다고 했다."

광개토호태왕이 독산성 여섯 개를 축조하였다고 한다.

타클라마칸Taklamakan 나들목인 고창국에서 발견된 9세기경 유물인 꽃의 의미와 같다고도 할 수 있다. 꽃은 모두 여섯 송이이며 그 꽃들은 모두 육엽이다. '6六' 수는 묘성이며 좀생이혼을 의미한다고 하였으니, 영축의 독수리와 관계가 있는지는 몰라도 독산성 여섯 개를 축조하였다는 광개토대왕 의지와도 일치한다고 할 수 있다.

《천부경》에서 '육생六生.'

1부터 5까지의 하늘과 '6'부터 시작하는 하늘은 다르다는 것이다.

갖추어진 '육6'이 존재하기 때문에 《천부경》에서 '천일일지일이인일삼天一一地一二人一三'과 '천이삼지이삼인이삼天二三地二三人二三' 무늬는 다르다고 알고 있다.

셈으로 '육六'은 여섯이지만, 자리로서는 일一이라 한다. 또 다른 일一은 성수成數로서 일一이라는 이야기다. 일一은 생수生數의 시작이며, '육六'은 성수成數의 시작이다.

다른 말로 일一은 플러스운동의 시작이며, 육六은 마이너스운동의 시작이다. 따라서 일一과 육六이란 두 개의 모순되는 운동물질이 공존하는 상태로서 그것은 하나의 모순개념이라 한다.

이 모순을 푸는 열쇠가 바로 하늘 무늬인 천문天文이라 하였다.

七

격몽擊蒙.

사전적으로는 '어둠을 깬다'는 말이겠지만, 다른 말로는 캄캄한 대흑천大黑天에서도 천지는 언제나 밝다는 천문학 용어일 수도 있다.

우리는 어둠에 가려진 밝음을 못 보았을 뿐이다.

낮엔 해가 빛나고, 밤엔 별이 반짝이다.

그래서 지구는 하루 종일 어둠이 아닌 밝음이다.

칠칠맞지 못한 몽매蒙昧로 우리는 보지 못할 뿐이다.

우선 '칠七'하면 칠성七星이고, 칠성하면 북두칠성北斗七星이다.

북두칠성을 고구려 고분에서는 북두칠정北斗七靑이라 한다. 왜 '정靑'이라 하였는지 분명하지는 않으나, 이 '정靑'은 '생生'과 '우물 정(井·円)'으로 구성되었기 때문일 것이다.

우리 풍속에서 망자亡者는 칠성판七星板에 누워 우리가 왔던 북두칠성으로 회오리다리를 건너 돌아간다고 믿었다.

'7七'은 북北에서 만나는 수이고, 또 사계절 시작이라고 한다.

북北은 물의 자리이니 오행五行에 근거하면 북수北水이며, 그래서 인류 기원은 동북방으로 흘러내리는 은하수銀河水를 관장하는 북두칠성과 연관이 있다고 말하는 것이다.

우주宇宙, '우宇'는 별들이 사는 하늘, '주宙'는 인간이 사는 땅이라고도 한다.

북극권 이미지는 돔Dome으로 형상화되었다.

북두칠성은 스스로 회전하면서 우주인 별들이 사는 하늘과 인간이 사는 땅을 휘휘 돌린다고 하였다. 북극성이 나그네(여인旅人)가 되어 천체의 28수에서 머문다고 하여 28수宿라 하였다. 북두칠성은 칠七이기에, 우리는 하늘의 칠성七星을 묘견妙見한다는 것이다.

《한서漢書》에서는 '7이 사시四時의 시작'이라고 한다.

게마트리어로 보면 3은 금성이고, 4는 사계절 지구이고, 5는 지구 중심축이다.

따라서 3, 4, 5로 구성되는 도상은 수학이나 기하학 개념인 동시에 금성이 지구와 교차하면서 발생하는 미묘한 타원궤도 움직임을 반영한 것이라 어산은 강조한다.

즉 북두칠성이 삼사성환三四成環의 움직임을 우주축에서 조율하고 있다는 것이다.

우리는 북두칠성이 선연한 밤하늘을 바라보면서 하많은 별들을 헤아릴 때, 하나, 둘, 셋부터 시작한다.

그렇다면 하늘의 별을 정확히 숫자로 과학적으로 옮길 수는 있을까.

《천부경》에 '일적십거一積十鉅'가 있다.

여기에서 '십거十鉅'는 허수虛數에서 마지막으로 무진수無塵數 같은 10에 96승乘이라 한다. 우리는 실수實數에서 가장 큰 수를 '극極'으로 알고 있다. 그런데 우주공학에서는 실수도 알아야 하지만, 허수를 모르면 인공위성은 허공에서 미아가 된다고 한다.

'수數'를 모르기 때문이다.

다시 말해서 지동설 개념에서 이승已乘은 자전하는 지구이고, 저승底乘은 공전 궤도라 어산은 말한다. 실수에서 가장 큰 수인 극極으로 지구의 자전을 설명할 수야 있겠지만, 저승에서 공전궤도를 설명하기에는 너무 작은 수라는 것이다.

그리고 '7七'하면 우리나라 소위 홍살문紅箭門이 떠오른다.

정조正祖(1752-1800)가 붉은 화살이 있는 문이라며 번듯하게 홍살문이라 명명하였다는 이야기가 있다. 불행하게도 18세기에서야 그렇게도 어설픈 이름을 갖게 되었다는 역사의 뒷모습이다. 그렇다면 그 이전에는 어떻게 불렀다는 말인가. 점점 역사적 사실의 구성이 허술해 보이기만 한다.

아무튼 오랜 세월을 품고 있는 홍살문 구조와 내력을 통하여 《천부경》에서 '칠七'의 의미를 찾아볼 수는 있지 않을까 하여, 아래와 같은 내용을 정리하였다.

홍살문紅箭門

세계문화유산으로 등재된 조선왕릉 40기.

그 무덤을 방문하면 입구에서 마주치는 홍살문이 있다.

쪽빛 허공을 향해 화살을 쏘려 하는지, 하늘에서 쏟아지는 햇살을 본떴는지 모르지만, 우리나라의 독특한 유물이다.

특히 홍살문이 집중적으로 몰려 있는 곳이 있다.

서울 종로구 사직동 사직단社稷壇이다.

조선 좌묘우사左廟右社인 사직단에서 홍살문紅箭門은 무엇인가.

1432년 세종14년 집현전에서 사직단의 단유제도壇壝制度에 대하여 올린 글을 참고하면, 제단 4면에 둘러쌓은 낮은 담을 유壝라 하고, 유문壝門밖에는 담장垣墻을 쌓고, 사방에 4개의 소위 홍문紅門을 세웠다고 하였다. 1474년 성

-홍살문-

종5년에 편찬한 《국조오례의國朝五禮儀》에서는 소위 홍살문을 신문神門이라 하였고, 1785년 정조9년에는 전문箭門이라 불렀으며, 1788년 정조12년에 편찬한 《춘관통고春官通考》에서는 소위 홍전문紅箭門이라 하였으니, 홍전문이 홍살문로 불리는 것은 조선 고유 언어諺語와 소위 한문漢文을 혼용한 것이라 할 수 있다.

이 홍살문은 기록으로 조선시대 국가건축물의 일환으로 세종이 세웠다. 지금의 독립문이 서있는 모화관慕華館 내력을 살피면 그것을 알 수 있다.

1403년 태종이 모화루慕華樓를 짓고, 1430년 세종은 이름을 모화관으로 바꾼다.

그리고 1433년 모화관을 개축하고서 세종은 소위 홍살문을 세우라 한다.

그런데 1536년 중종中宗 때 김안로金安老가 세종이 세운 소위 홍살문이 격이 낮다는 이유로 헐어버리고 영조문迎詔門을 세웠다. 1539년 영조문은 명나라 사신 설정총薛廷寵 지시로 영은문迎恩門으로 바뀌었다. 그리고 1897년 미국에서 교육을 받은 서재필徐載弼에 의해 전통적 건축물이 아닌 서양식 독립문獨立門이 완성된다. 뚱딴지처럼 불란서 개선문을 본떴다고 하는데, 이런 해괴한 독립정신은 어디에 근거한 것인가. 일설에는 이 독립문을 세울 때, 금

- 독립문 -

전적으로 도움을 준 사람은 후에 을사늑약乙巳勒約 체결에 앞장 선 이완용李完用이라고 한다.

- 김학수의 사직단도 -

현판은 이완용이 썼으니, 역사에서 아이러니이다.

임진왜란 때 불태워진 사직단을 숙종肅宗이 복원하였다.

원래 모습대로 복원하였는지 몰라도, 아무튼 사직단에 소위 홍살문은 풍속화가 김학수金鶴洙의 〈사직단도社稷壇圖〉에 어렴풋이 남아있다. 그 사직단 모습에는 여덟 개 소위 홍살문이 있으며, 북신문은 가운데 문이 우뚝 솟은 삼문三門이며, 중앙 둥근 모양과 붉은 화살 6개가 보인다. 이 정경은 일제강점기 때로 추측된다. 특히 대구나 광주에서도 사직단 모습이 선명한 것을 보면 소위 홍살문이 널리 존재하였음을 알 수 있다. 이를 종합하면 사직단에서 소위 홍살문은 빼놓을 수 없는 역사적 증거이다.

수원화성 정경을 담은 《정리의궤整理儀軌》에서도 사직단이 확연하다.

- 수원화성 홍살문 -

　양쪽으로 큰 기둥을 세우고 기둥 꼭대기를 서로 연결하는 한옥 건축물 상방인 도리를 닮은 두 개의 가로재가 있다. 그리고 홍살을 꽂았다. 중앙은 둥근 모습인데, 이 문양은 흡사 삼지창三枝槍처럼, 불타는 횃불처럼, 활짝 핀 꽃 같은 모습이다. 둥근 모양 좌우로 3개씩 붉은 화살 모양의 홍살 6개이다. 이런 홍살문이 사방에 서 있다.

　대체로 삼지창처럼 생긴 좌우로 화살 모양이 세 개씩 꽂혀있는데, 이것이 상징하는 의미를 우리는 모르고 있다. 그 내력이 적힌 문건을 찾아볼 수 없기 때문이다.

　사직단 홍살문 원형이 어떤 모습인지는 누구도 모른다.

　다만 사직단에만 홍살문이 무려 8개나 있는 것으로 보아 사직단과 홍살문은 긴밀한 관계임이 분명하다. 울타리처럼 작은 '담'을 둘러 사방에 4개 그리고 유문壝門 밖에 담장을 쌓고 또 4개를 세웠다. 분명 장식용은 아닐 것이다.

확실하게 알 수 있는 것은 홍살문이 사직단을 보호하거나 혹은 정성스럽게 떠받드는 모습을 알 수 있는 것이다. 이 구조에 대한 기원이 명확하게 밝혀진다면, 사직단은 참모습으로 거듭날 것이다.

경복궁 광화문 서쪽의 사직단.
서울올림픽을 준비하기 위해 1987년에 사직단을 복원하였다.
《사직서의궤》를 보면, 대문에서 사직단까지 거리가 적당하였다. 그러나 도시계획으로 사직터널을 조성하고 도로를 확장한다고 대문 앞 널따란 터에다가 길을 냈다. 경복궁과 종묘 그리고 사직단 주산인 인왕산 자락에 감히 구멍을 내는 것을 꺼려했던 그 시대에는 상상도 못할 토목건설이었다. 굴삭기로 뚫어서는 광화문 거리와 신촌을 잇는 사직터널이라 하였을 터이지만, 그 토목공사 때문에 얼굴로 치면 고귀한 이마를 없애버린 셈이다.

그리고 무엇에 근거했는지 몰라도 지금 사직단의 홍살문은 뚱딴지같다.
홍살은 붉은 화살로서, 하늘을 향한 빛나는 햇살처럼 역동성이 있어야 한다.
홍살문에 정작 홍살이 없어 뭉툭하니 마치 일본 신사 '도리이[鳥居]'를 연상시킨다.
2013년 충남 청양군 칠갑산 어느 암자에서 1,500년 전 삼국시대에 그려진 것으로 추정되는 암각화가 발견되었다. 가로 1m 세로 80㎝의 둥근 사암 오른쪽에 빗살무늬처럼 홍살문이 새겨져 있는데, 가운데 삼지창 같은 둥근 모양은 없고 막대기 7개가 꽂혀있다. 그리고 문 양쪽 위에는 연꽃과 물고기로 추정되는 문양으로 장식하였다는 기사가 전해진다. 연꽃과 물고기가 홍살문

-충남 청양에서 출토된 암각화-

과는 어떤 관계이며, 상징하는 것은 무엇일까.

　우리나라에서 오래전부터 홍살문이 존재하였다는 것을 증명하고 있다.
　그러나 아직까지 홍살문 유래에 대하여서 어느 누구도 확실하게 말하지 못한다.
　사직단과 홍살문.
　지금 사직단 복원공사가 진행 중이다.
　원래 본 모습을 찾을 수는 없겠지만, 우리 조상 정신이 담긴 사직단으로 거듭나야 한다.

이 짧지 않은 문건은 홍살문에 대한 보고서라 할 수도 있다.

세종대왕이 창제한 《훈민정음》은 세계에서 유례가 없는 문자학 결정체이다. 아마 지구 역사상 이러한 음운론의 쾌거는 없을 것이다. 그렇게 정교하고도 과학적인 인문학을 창조한 우리나라. 바로 조선이라는 나라는 그렇게 만만한 나라가 아니라는 뜻이다.

독특한 홍살문, 양쪽으로 큰 기둥을 세우고 기둥 꼭대기를 서로 연결하는 상방인 도리를 닮은 두 개 가로재에 홍살이 붉게 꽂혔다. 중앙은 둥근 모습인데, 이 문양은 흡사 삼지창처럼, 불타는 횃불처럼, 활짝 핀 꽃 같은 모습이다. 둥근 모양 좌우로 3개씩 붉은 화살 모양의 홍살 6개이다.

혹은 삼지창 모습 대신에 삼태극 문양을 한 홍살문도 볼 수 있다.

결론적으로 삼태극도 삼지창도 셋이고, 양쪽으로 3개씩 여섯 개 화살은 금성과 함께 나타난다는 묘성昴星인 플레이아데스 여섯 개 별을 상징하는 것인지는 모를 일이지만, 홍살문이 가지고 있는 의미는 새삼 흥미롭다.

지금도 어쩌다 홍살문을 만나면 무의식적으로 화살이 몇 개인가 헤아린다.

그런데 일곱 개가 있는 붉은 화살문을 만나기란 쉽지 않다.

어산 박용숙은 북두칠성을 묘견보살妙見菩薩이라 하였다.

하늘에 수의 무늬가 만다라처럼 펼쳐지는 것은 북두칠성이 있어 더욱 그렇다.

八

숫자 '팔八'을 사람들은 어떻게 이야기하고 있는가.

궁여지책으로, 오행五行 나무[木] 자리에서 성수成數가 '팔八'이라 말한다.

'팔八'은 일부에서는 두 팔 벌리는 사람의 모습이라고도 한다.

언뜻 보면 '들 입入'처럼 상서롭게 빛나는 것이 들어온다는 모양도 된다.

사통팔달四通八達은 모든 통로의 들고 나는 나들목이라 할 수 있으니, '팔八'에는 그러한 의미가 분명 담겨 있을 것이다.

우리는 사방팔방四方八方이라 하고, 불가에서는 시방삼세十方三世라 한다.

다시 말하면 팔방은 시방十方으로 가는 천진天津인 하늘에 나루터인 셈이다.

넓게 양팔을 벌리며 세상 모든 고통을 다 감싸 안을 것 같은 보리수 같은 '팔八'에서 태양처럼 빛나는 위대한 사람[人]의 모습을 찾을 수도 있다. 동네 우람한 정자나무를 마을 사람들이 지성으로 가꾸는 것은 그런 것을 염원하기에, 오래전부터 그랬을 것이다.

어산 박용숙은 8을 지구 자전과 공전의 묘한 모습이라 한다.

> "8이 절반으로 나뉘어 두 개의 4가 되고, 이 4가 춘하추동의 네 계절(사시사운四時四運)이 된다는 뜻이다. 8이 미묘한 수인 까닭은 사계절이 윷놀이처럼 빙빙 돌기만 하는 것이 아니기 때문이다. 빛과 그림자의 동태를 보면 사계절은 봄여름과 가을겨울의 두 팀으로 나누어 한 줄로 움직여 가는 것이 아니고 서로 남의 꼬리를 물고 돌아가는 뫼비우스의 띠 모양새이다. 이것이 빛과 그림자의 시소게임이고 지구 자전 공전 이치이다."

게마트리어에 익숙한 어산의 '8八'에 대한 문견聞見이 새롭고 재미있다.

절반으로 나누면 두 개의 4가 되고, 이 4가 춘하추동의 네 계절(사시사운四時

四運)이 된다고 하였다. 즉 '8八'은 춘하추동 네 계절이 우리네 저고리 고름처럼 매어져 있는 모습이라고 한다. 여미고 또 푸는 동정動靜의 유연함이 뫼비우스 띠처럼 돌고 도니, 사계절은 변화에 있어 자연을 상징한다는 이야기도 된다.

  주목할 만한 것은, 어산은 '팔八'에서 '절반으로 나눈다'는 의미를 말하고 있다는 것이다.

  빛과 그림자 동정을 보면서 사계절은 봄여름과 가을겨울 두 팀으로 나누어 한 줄로 움직여 가는 것이 아니고 서로 남에 꼬리를 물고 돌아가는 모양새라 하였다. 봄여름과 가을겨울 두 팀으로 나뉘어, 사계절 변화를 이룬다고 하였으니, 분명 '팔八'에는 물고 물리는 또는 나누고 합하는 유연한 움직임이 있다는 것이다.

九

둥글다는 지구地球에서 '구球'가 아라비아숫자인 '구九'와 관계가 있는가. 지구에서 하늘까지 거리를 우리는 구만리장천九萬里長天이라 하는데, 구공九空과 같은 말이라 하니 숫자 '구九'는 그렇게 간단한 함의가 아니다. 그리고 만리장천萬里長天까지 갔다가 반드시 돌아오는 새가 있다면 전서구傳書鳩 비둘기 구鳩라 한다. '구九'의 의미와 가까운 새가 비둘기라는 것이다.

'구九'에 대한 이야기가 구구만리처럼 끝없다.

어산 박용숙은 '9九'를 지구의 공전궤도라 하였다.

"《설문》은 九자를 '사람의 팔꿈치(주肘)가 구부러진 모양'이라고 했다. 팔은 굽혔다 폈다 함으로써 신체의 어느 부분보다도 구부러지는 기능을 많이 한다. 한자의 九는 어깨에서 손에 이르는 팔의 모양을 그대로 이미지화한 것이다. 연구에 따르면 아라비아숫자 9도 모양새는 '주먹을 틀어진 이미지'라고 한다. 《설문》은 다시 구九를 '구부려서 서로 닿다'라고도 했다. 이 말은 두 개의 팔로 사람을 껴안는다는 뜻으로 이때 두 팔의 모양은 둥근 원의 이미지이다."

어산 박용숙 깊이가 느껴진다.

팔을 어깨 쪽으로 구부리면 팔꿈치에서 어깨까지는 2, 손끝에서 어깨까지는 3으로, 3:2의 황금비례를 분명 볼 수 있다는 것이다. 그리고 굽혔다 펼 수 있는 팔꿈치에서 두 팔의 모양인 원의 이미지를 끄집어낸다. 그리고 이 굽은 원의 궤적이 바로 지구와 태양 그리고 금성과의 공전궤도라 하는 것이다.

새로운 이야기이다.

그렇다면 지구의 공전궤도를 아홉(구九) 개 숫자 나열인 〈낙서〉에서 새롭고도 참신한 의미를 찾아볼 수는 있지 않을까 생각해 본다.

그리고 소위 한자 본거지라는 중국인은 이런 이야기를 절대로 이해할 수가 없다고 여겨진다.

그들이 말하는 구球(치오qio)와 구九(지우jiu) 소리가 전혀 다르기 때문이다.

十

우리는 '열(十)'을 말하는 이 문자를 '십十'으로 읽고 있다.

그런데 세종이 편찬한 《동국정운東國正韻》에서 '十'을 입성入聲인 '씹'으로 읽어야 한다고 명시하였다. '십'이라 읽는데 익숙한 우리에게는 '씹'이라는 발음이 생소할지 몰라도, 혹여 '열(十)'이 본래 소리를 잃은 것은 아닌가 연구해 볼 과제이다.

새로운 경계가 열린다는 의미를 지닌 '십十'은 중요한 수이다.

'십十'의 상형은 세운 '일丨'과 뉘운 '일一'의 만남이고, 사방으로 처음(시始)과 끝(종終)이 무한대로 뻗어나간다. 뉘운 '일一'에는 무슨 뜻이, 세운 '일丨'에는 어떤 의미가 포함되어 있는지도 간단하지 않은 일이며, 우리는 처음(시始)과 끝(종終)을 잘 알지 못한다.

누구도 그 끝을 잡을 수 없다.

누구도 그 처음을 알 수 없다.

다른 말로 하면 '일丨'과 '일一'은 다른 말로 두 개의 또 다른 태양 '양일兩日'의 만남이라고도 할 수 있기 때문이다. 익숙한 이야기로 하늘도 땅도 열리는 개벽開闢이라 할 수 있다.

그리고 이 개벽은 사람의 '인생人生'으로 가는 필요충분조건이다.

좌우상하左右上下를 교감하는 '열十'이지만, 자리로서는 빈자리인 '제로zero'라 한다.

빈자리는 무엇일까.

제로zero는 숫자 영零(O)으로, 무엇보다도 하늘의 태양을 닮은 형상인 제로이다.

하늘도 땅도 열리는 개벽에서 태양은 절대조건이다.

〈하도〉에 의하면 빈자리란 언제나 가운데를 뜻한다. 공空인 zero는 빈자리를 나타내는 무無이며, 이때 무無는 한 사람이 사방에 네 사람을 거느린 모양이라 한다. 즉 오五에서 오방진五方陳이라는 뜻이다. 오五가 양陽이라면 십十은 마이너스인 무無라는 뜻이라는 것이다. 오五에서 이어지는 '육六'은 거두는(후퇴) 운동을 낳게 하는 계기가 되지만, '십十'은 새롭게 뻗어나가는 일수一數를 낳는 계기가 되기 때문이라는 것이다.

즉 '십十'은 신세계로 나가는 영원한 플랫폼이며 광대光臺이며 월대月臺다. 여기에서 빈자리라는 말이 의미심장하다.

사실 천부경에 대하여 많은 이야기를 하였지만, 제로zero인 숫자 영零(O)에 대하여서는 언급이 없었던 것으로 알고 있다. 앞으로 과제가 아닐 수 없다.

'십十'은 모든 수를 낳는 모태母胎 자리이다.

그래서 토土이다.

'십十'이 곧 일一을 낳는다는 것은 일시무종일一始無終一라고 한 것에서도 어렴풋이 알 수 있다.

5

천부경天符經이란 무엇인가

5 천부경天符經이란 무엇인가

天符經

一始無始, 一析三極, 無盡本,
天一一, 地一二, 人一三,
一積十鉅, 無匱化,
三, 天二三, 地二三, 人二三,
大三合, 六生七八九運,
三四成環, 五七一妙衍,
萬往萬來, 用變不動本,
本心本太陽,
昂明人中天地一,
一終無終一

천부경

한 해는 삼태三台에서 시작된다.

삼태는 해, 달, 금성이다.

한 해를 이루는 궤도는 세 자리[極]로 나뉘며, 이는 지구궤도의 불변하는 몸통이다.

세 자리에서 빛(하지)을 一이라 하고, 그림자(동지)를 二라 하고, 새벽(춘추분)을 三이라 한다.

지구가 자전하며 공전할 때 새벽별(금성)은 지구에 다가와 궤도匱에 간섭한다.

하나가 쌓여서 10으로 커진다는 말은 24시간과 24계절의 이치를 말하며, 이때 지구의 궤도가 타원형(방축)으로 휘게 된다는 뜻이다.

하지와 동지와 춘추분의 세 자리가 크게 합치면 북극에서 신령神靈이 내리고, 북극성이 인솔하는 지구는 자전과 공전의 운행을 하게 된다.

금성과 지구가 가까이 교차하면 지구의 자전축과 태양(흑점)과 북극성의 위상이 묘하게 설정된다.

지구의 궤도는 타원형이지만, 태양은 궤도의 정중앙에 놓이지 않는다는 것을 말한다.

지구의 자전 공전은 무한히 되풀이되면서 궤도에 이변이 생기기도 하지만, 본래의 틀은 그대로 유지된다.

사람의 심장이 있는 자리가 하늘에서 태양이 있는 자리이다.

춘분 때 그 태양을 올려다보면 남남이던 빛(선善)과 그림자(악惡)가 하나가 된다.
무극無極을 이룬다.
끝나는 것이 뒤집혀서 다시 이어진다.

어산 박용숙의 《천부경》 분절과 해석이다.

처음에는 이 번역을 보고 어안이 벙벙하였다.

다만 천부경81자를 설명하기 위한 새롭고 다양한 해석에 매료되었을 뿐이다.

그래서 인사동 찻집에서 자주 만났지만, 천부경81자 번역에 관한 문제점과 실험적 접근에 대하여서는 화제에 올리지도 못하였다. 그때는 《천부경》에 대하여 알지도 못하였고, 관심은 위대한 언문 훈민정음 28자였기 때문이다.

어산 박용숙은 내게 이런 줄거리의 이야기를 하였다.

'이상하지요. 책이 팔렸다는 소리는 출판사를 통해서 듣고 있지만, 지금까지 내 책을 읽고서 어떤 반응이 없어요.'

지금에 와서 생각하면, 그때 조목조목 질문하면서 《천부경》에 대한 해석에 대하여 많은 시간을 가지지 못한 것이 아쉽기만 하다. 천부경81자 해석을 이해하기 위해서는 《천부경81자바라밀》에서 거론되는 다음과 같은 이야기와 친해져야 한다.

그의 이야기다.

"한 해는 삼태三台에서 시작된다.

한 해를 이루는 궤도는 세 자리(극極)로 나뉘며, 이는 지구궤도의 불변하는 몸통이다.

세 자리에서 빛(하지夏至)을 일一이라 하고, 그림자(동지冬至)를 이二라 하고, 새벽(춘추분春秋分)을 삼三이라 한다.

삼대三台는 마치 삼각형의 세 자리를 말하는데, 금성이 북두칠성과 만나는 자리를 태일太一, 달과 만나는 때를 태백太白, 태양을 만나는 때를 태을太乙이다.

이들이 모여 하나의 삼각형을 이룬다는 것이다.

금성이 60도 각도로 날면서 지구와의 궤도를 그릴 때 뫼비우스의 띠처럼 움직인다고 한다. 정삼각형의 내면의 합인 180도를 3을 나누면 60도가 그것이다."

어산 박용숙은 피타고라스의 3을 처음과 중간과 마지막을 가진 가장 완벽한 수라고 하고서, 이 수가 바로 이등변삼각형 수라는 내용을 인용하였다. 이등변삼각형 내각의 합은 180도이고, 180을 셋으로 나누면 하나의 각은 60도이다. 60도는 바로 금성의 각도라는 것이다. 바로 60도가 3과 대응되는 수라 한 것이다. 처음과 중간과 마지막 세 자리는 1, 2, 3으로 천지인天地人이며, 천부경에서는 이를 하나가 나뉘면 셋(일석삼극一析三極)이라고 했다.

구체적이면서 논리적인 설명이다.

일설에는 피타고라스가 이등변삼각형 이론을 구체화시킨 것은, 동네 대장간을 지나다가 대장장이 망치질 소리를 듣고서 힌트를 얻었다고 한다. 망치질 소리와 수학 그리고 천문학은 무슨 관계인가. 모루에서 붉은 쇳덩어리를 단련시키려고 두드리는 망치 소리에는 어떤 율려律呂가 숨어 있었을까.

자전이 없는 금성과 자전과 공전을 하는 지구는 60도 유연한 각도로 우주에서 춤사위 같은 궤도를 그리다가 금성이 태양과 달의 관계를 원만하게 만들어, 지구에 소중한 사계절을 만든다고 한다. 바람독수리 같은 금성은 춘분 때는 따뜻한 바람을 추분 때는 찬바람을 몰고 온다. 그래서 빛의 하지와 그림자의 동지 그리고 새벽의 춘추분 절기가 생긴다고 한다. 그리고 어둠에서 빛으로 순간적으로 바뀌는 격몽이며 새벽의 상징인 계명성啓明星이 바로 금성이라는 것이다.

> "새벽별이 지구와 두 번 교차하는데, 뜨거운 태양의 바람을 차가운 달의 바람을 몰고 온다. 태양의 바람은 춘분이고, 달의 바람은 추분이다.
> 금성인 새벽별의 드라마는 오직 올림포스 전망대(Olympus view), 즉 특별한 위도에서만 관찰된다. 제석굿에서는 이 위도를 33천이라 하였다. 고고학은 이 위도가 35도 그리고 상하 10도 정도 위도로 이동한다는 사실을 말해 준다. 그 범위를 고고학자들은 새벽별이 다니는 황금벨트라고 부른다."

어산 박용숙은 33천을 천체 별자리로 보지 않고, 춘분에서 '3' 그리고 추분에서 '3'이 만나기에 33천이라 한다. 그리고 '33' 아라비아숫자에서 구불구불 고개를 넘어가는 모습이 마치 금성의 궤도를 연상시킨다고 한다. 그리고 위도 35도 그리고 상하 10인 위도 45도가 금성의 영향권이니, 이 황금벨트 Golden belt에서야 인류 문명이 꽃피울 수 있다는 설명이다.

이러한 움직임을 한눈에 바라보는 것을 올림포스 전망대Olympus view라 하는 것이다.

> "지구가 자전하며 공전할 때, 새벽별(금성)은 지구에 다가와 궤도(櫃)에 간섭한다.
> 하지와 동지와 춘추분의 세 자리가 크게 합치면, 북극에서 신령神靈이 내리고 북극성이 인솔하는 지구는 자전 공전의 운행을 하게 된다. 금성과 지구가 가까이 교차하면, 지구의 자전축과 태양(흑점)과 북극성의 위상이 묘하게 설정된다. 지구의 자전 공전은 무한히 되풀이되면서, 궤도에 이변이 생기기도 하지만 본래의 틀은 그대로 유지된다.
> 사람의 심장이 있는 자리가 하늘에서 태양이 있는 자리이다.
> 춘분 때 그 태양을 올려다보면 남남이던 빛(선善)과 그림자(악惡)가 하나가 된다. 끝나는 것이 뒤집혀서 다시 이어진다.

새해는 새벽별이 해와 달과 나란히 뜨는 춘분점에서 시작된다.
일 년의 순환궤도에는 불멸의 세 극이 자리하고 있다.
그 세 극은 천지인이고, 숫자로 날(일日)을 일一, 밤(월月)을 이二, 새벽(금성金星)을 삼三이라고 한다."

－ 플레이아데스 성단星團 －

어산 박용숙은 춘분 사상가이다.

남남으로 지내던 태양인 선善(빛)과 달의 악惡(그림자)이 화해하여, 음과 양이 잠시 갈등을 멈추고 균형으로 이루면서, 하지와 동지와 춘추분 세 자리가 묘연杳然하게 크게 합치면, 하늘인 북극에서 신령이 내린다고 하였다.

그 신령이 바로 묘성과 함께 나타나는 우후牛後라는 플레이아데스 성단에서 내려오는 좀생이혼이라 하였다.

"지구가 자전 공전하면서 금성과 교차하게 되면 지구의 궤도가 타원형(무궤無匱)이 되어, 태양의 중심이 미묘한 지점에 있게 된다. 타원으로 도는 지구의 궤도에서 가장 긴 쪽의 하나가 하지(3:2비례)이고, 또 다른 하나가 동지(2:3비례)이다.

궤도의 절반이 되는 지점에서도 춘분과 추분의 3:4 비례가 형성된다.

이렇게 세 개의 극이 만들어지면, 묘성에서 좀생이혼(신령神靈)이 내리고, 지구는 북두칠성에 이끌려 타원형의 공전 궤도를 달리게 된다.

새벽별이 금성이 지구와 춘추분에서 교차하면, 지구의 자전축과 태양과 북극성이 놓이는 위치는 미묘(황금비黃金比)하게 된다. 이 자전 공전의 도는 무한히 반복하며 절기에 오차가 나더라도, 우주운행의 근본에는 아무런 변화가 없다.

사람의 심장이 있는 자리는 우주에서는 태양이 있는 자리이다.

춘분날 정오에 그 자리에서 태양을 올려다보면 밤에만 보이던 북두칠성이 태양과 함께 있는 것을 보게 된다.

상극인 빛과 그림자는 겹치는 법이 없는데, 어찌하여 그것이 하나가 되는가."

지구는 북두칠성에 이끌려 타원형 공전궤도를 달리게 된다는 표현이 멋있다.

음과 양은 정확히 반반으로 나누어지는 것이 아니기에, 3:2 비례를 유지하며 동지와 하지를 만들어내고, 춘분과 추분도 지구 정축을 중심으로 3:4 나눔을 갖춘다는 것이다. 이는 금성 타원형 궤도에서야 일어나는 천체활동이라는 것이다. 여기에서 금성 타원형 궤도는 도형 적으로도 의미가 깊다고 한다. 그것을 '무궤無匱'라 하기 때문이다.

여기에서 음과 양은 정확히 반반으로 나누어지는 것이 아니기에, 3:2 비례를 유지하면서 동지와 하지를 만들어내고, 춘분과 추분도 지구 정축을 중심으로 3:4 나눔을 갖춘다는 것이라는 줄거리에 금성 역할이 있다는 것이다.

춘분날 정오正午 벌건 대낮에 밤에만 보이던 북두칠성이 나타난다고 한다.

천문학자 박창범은 이 현상을 이렇게 설명한다.

"그렇게도 기대하며 찾던 자연 현상이나 천문에 관련된 기록이 《단기고사》와 《단군세기》에 약 60개가 실려 있었기 때문이다. 일식이 10회, 오행성 결집이 1회, 강한 썰물이 1회, 두 해가 뜸(兩日竝出)이 3회, 지진이 4회, 그리고 태풍, 가뭄, 홍수 등에 관한 기록이었다."

여기에서 두 개 태양이 나란히 나왔다는 '양일병출兩日竝出'이 바로 태양이 있는 벌건 대낮에 밤에만 보이던 북두칠성이 나타난다는 이야기다. 그리고 오행성 만남은 금성 출현을 말하는 것이다. 그리고 박창범은 '태백이 달을 범한다(太白犯月)'는 삼국시대 천문학 용어를 인용한다.

바로 금성에서 좀생이혼이 내리는 찬란하고도 엄숙한 광경을 말한 것이다. 어산 박용숙은 이 천체과학에 근거한 우주 이야기를 읽고서 가슴이 뛰었을 것이다.

하늘에서 내리는 소중하고도 귀한 신령 좀생이혼.
그리고 그것을 온전히 담아낼 수 있는 무궤를 우리는 적멸보궁처럼 받들었다.

이것은 어산의 평생 주제일 것이다.
이 줄거리는 《천부경81자바라밀》에서 정리한 것이다.
특히 금성인 새벽별 드라마는 오직 올림포스 전망대인 특별한 위도에서만 관찰된다. 제석굿에서는 이 위도를 33천이라 하였다. 고고학은 33천 위도는 35도 그리고 상하 10도 정도로 이동한다는 사실을 말해 준다. 그 범위를 고고학자들은 새벽별이 다니는 황금벨트라고 부른다. 지구가 태양과 사이도 좋게 자전과 공전을 할 때, 새벽별(금성)은 지구에 다가와 궤도(궤匱)에 간섭한다는 대목에서는, 어산은 흥분한다.

인사동 그 찻집에 사람이 있든 없든 두 손을 높이 쳐들고서 금성 궤도를 그려내는 듯 춤을 추듯이 두 팔을 흔든다. 그리고 불가에서 바라춤이 이 금성 궤도를 구현하는 것이라는 이야기를 신라 원효元曉가 하였다고 덧붙인다.

"독일의 수학자이자 바빌론 천문학과 신화학의 권위자였던 쿠클러Franz Xaver Kugler(1862-1929)는 금성에 관한 괄목할 만한 논문들을 발표했다. 특히 1910년 논문에는 '금성과 지구의 궤도가 교차한다'는 사실을 소상하게 기록하고 있다.

이를테면 '금성이 뜰 때 해와 쪽달이 동시에 나란히 한 세트가 된다'고 썼으며, 이 상황을 상세한 목록으로 펴내기도 하였다.

쿠클러는 실제로 금성이 지평선에 나타날 때 태양이 그 아래 정확히 몇 도 위에 있는지 부감俯瞰하고 그 도수를 관측하기도 했다. 금성과 지구의 궤도가 두 차례 교차하는 외합外合과 내합內合의 경우 도수가 서로 차이 난다는 사실도 확인했다. 외합이라는 말은 금성이 지구 자전의 흐름을 오른쪽으로 기울게 하는 춘분의 상황으로 지구가 태양을 맞이하는 동쪽에서 일어난다. 내합은 해가 넘어가는 서쪽과 만나는 추분 때의 상황이다. 외합과 내합이 지구의 자전 공전에서 빛과 그림자가 시소게임을 하는 상황을 연출한다는 뜻이다."

쿠클러 이야기를 하면서 서양과 동양 천문학은 틀림이 없다는 것을 강조한다.

어산 박용숙은 《천부경》 해석에서 이 부분 즉 '금성과 지구가 가까이 교차하면 지구 자전축과 태양(흑점)과 북극성 위상이 묘하게 설정된다. 지구 궤도는 타원형이지만, 태양은 궤도의 정중앙에 놓이지 않는다는 것을 말한다'고 한다. 이 사실은 매초 35km 지구보다 빠르게 도는 금성과 그러한 금성과 만들어내는 지구 궤도가 절묘하게 두 차례 교차하는 외합外合과 내합內合의 경우 도수가 서로 차이 난다는 쿠클러 이야기에서 어산은 확신을 가졌을 것이다.

《단기고사》에서 인人을 도道의 본으로 삼는다(인위본방지도人爲本邦之道)는 이야기를 어둠 속에서 끄집어내어야 한다고 어산은 말한다. 《고기》에서는 하늘의 광명을 환桓이라, 땅의 광명을 단檀이라 하여, 환단桓檀이라 하였다고 한다.

《환단고기》〈삼성기〉에는 해탈 정황을 '환득쾌락승유桓得快樂乘遊'라 기록하였다고 한다. 어둠과 밝음이 바뀌는 때, 새벽별을 보는 환桓이라는 곳에서 회전하는 지구를 타고 노는 쾌락을 얻는다고 한 것이다. '환桓'은 돌사발을 엎어놓은 곳이고, '승유乘遊'는 자전하며 공전하는 지구를 타고 있음을 깨닫는 해탈의 뜻이라는 것이다.

대야발이 《천인일체대경》이라고 한 《천부경》의 또 다른 짝을 《인부경》이라 한다고 어산은 이야기한다.

人符經

一始無始
一析三極, 無盡本,
天一一, 地一二, 人一三,
一積十鉅, 無匱化, 三, 天二三, 地二三, 人二三,
大三合, 六生七八九運,
三四成環, 五七一妙衍, 萬往萬來, 用變不動本,
本心本太陽,
昻明人中天地一,
一終無終一

인부경

사람의 시작은 자궁에서 시작하며, 자궁은 세 원리가 있어 불멸의 근본이 된다.

세 원리는 정자(빛)가 일一이고, 난자(그림자)가 이二, 혼백(새벽빛)이 삼三으로 그 기호다.

매일매일 성장하여 열 살이 되면, 몸통이 궤짝처럼 틀이 되어, 정신이라는 둥지(천이이天二三), 생식기라는 둥지(지이삼地二三), 심장이라는 둥지(인이삼人二三)가 수직으로 자리 잡는다.

이 세 수직의 둥지가 하나로 연계되면, 혼魂이 생기고 성기와 손발이 발동한다.

얼굴 중심에 자리한 코가 입과 교류하면서, 심장과 성기와 눈이 상호 미묘하게 작용하며,

죽을 때까지, 그 기능은 멈추지 않는다.

사람의 심장이 놓이는 자리가 하늘에서는 태양이다.

이 이치(천부인天符印)를 깨달으면, 적수인 빛(선善)과 그림자(악惡)가 둘이 아님을 깨닫는다.

사람은 죽는 것이 아니고, 자궁을 통해 다시 환생한다.

이것이 어산이 말하는 《인부경》 내용이다.

다시 말해서 《천부경》과 《인부경》 일치를 어산은 말하고 있는 것이다.

우리가 《천부경》을 연구하는 이유는 바로 '사람(인人)'을 밝히고자 하였기 때문이다.

"인간이 황금분할의 수치를 계산하기에 이르렀을 때, 최초의 신이 우주를 창조하면서 사용했던 기준을 발견하게 되었다."

플라톤Plato 이야기이다.

어산 박용숙은 플라톤(기원전427-기원전347)이 인간의 몸이 우주의 몸을 모방하였다는 이야기를 인용하면서, 《천부경》을 《인부경》이라 규정하고, 《천부경》을 천체 우주 법칙이 아닌 인체 구조에서 기능과 활동으로 해석하였다.

"《천부경》이 《인부경》이 되면 일一은 사람의 씨(종자)이고, '무無'는 자궁子宮이다. 사람의 시작은 자궁에서 시작된다. 이것이 인간이 존재하는 한 영원한 진실인 것이다.(일시무시一始無始, 일석삼극一析三極, 무진본無盡本)

여기서 '자궁'이 '무無'를 대신하는 글자가 되는 것은 자궁이 암수의 어느 하나를 가지는 것이 아니라 그 양자의 공시성共時性의 장소이기 때문이다. 무의 이미지이다. 《자전》에서 궁宮이라는 글자의 풀이를 가져오면, 돔과 같은 뜻으로 그곳에서 빛(광명光明)이 일어나므로 영대靈臺라고도 한다고 했다. 이는 《천부경》의 '육생六生'의 뜻으로, 춘분날 묘성에서 좀생이혼이 내린다는 말과 다르지 않다. 자궁에 정충과 난자를 매개하는 충기沖氣가 있다는 것이다. 이 말은 빛과 그림자의 두 에너지가 새벽별의 에너지(충기)와 합작하여 사람의 씨(아기)를 만든다고 말할 수 있다. 아기의 탯줄이 세 갈래 새끼줄처럼 꼬여 있는 것은 이를 반증한다."

애기집인 자궁子宮을 '무無'라, 사람의 씨인 정자를 '일一'이라 하였다.

무슨 말인가.

'일—'과 같은 발음인 '일日'이란 문자를 보면서, 그 이야기가 재미있어진다.

굳이 날 '일日' 부수를 나누면 아래와 같다는 것이다.

'에워쌀 위口'와 '하나 일—'이 만나 '날日'이 된다.

궤짝 같은 '에워쌀 위口'는 바로 자궁이며, '하나—'은 사람의 씨인 '점(丶)'이라 할 수도 있기 때문이다.

그리고 점(丶)은 원의 이미지이니, 그 점은 천변만화 상징이다.

이것이 바로 위대한 조선 문화이며 역사이다.

그리고 예로부터 우리나라는 아이를 낳으면 항렬에 따른 정식 이름을 지으면서, 별칭하였다. 예를 들어 '개똥이, 쇠똥이' 등이다. 사랑니(전아齻牙)가 나는 17세가 되면 그때 성인식이라 하여 자字를 짓고 모자인 관冠을 씌워주었다. '자字'를 지어주는 것은 아이에서 어른이 되었다는 것을 강조하는 것이다. 결국 이름이 세 개가 되는 것이다.

'자字'는 '집 면宀'과 '아이 자子'의 문자이다.

'집 면宀'은 '갓머리'라 하였으니, 다른 말로 '갓을 쓴 사람'이라는 말도 된다.

즉 아이와 성인을 구별한 의식이다. 성인은 정자精子를 가지고 있기에, 생리학적으로 자궁인 애기집을 가진 여자를 만날 수 있다는 과학적인 논리이다.

《인부경》 근거를 아래와 같이 말하며, 신채호申采浩 이야기를 인용하였다.

"사기史記의 봉선서封禪書에 〈삼三·일一신神〉은 천일지일태일天一地一太一이니, 삼일三一의 중中에 태일太一이 최귀最貴이며 오제五帝(동서남북중오방東西南北中五方의 신神) 태일太一의 좌佐라 하고 진시황본기秦始皇本紀에 천황지황태황天皇地皇太皇의 삼황중三皇中에 태황太皇이 최귀最貴라 하며 초사楚辭에 동황태일東皇太

一의 수명獸名이 있고 한서예문지漢書藝文志에 태일잡자太一雜子의 서명書名이 있으니 삼일신三一神과 삼황三皇은 곧 고기古記에 기록한 삼신삼성등三神三聖等의 류類이니 삼일신三一神을 다시 우리 고어古語로 역譯하면 천일天一은 "말한"이니 상제上帝를 의미한 것이오, 지일地一은 "불한"이니 천사天使를 의미한 것이오, 태일太一은 "신한"이니 "신"은 최고최상最高最上이란 말이니 신한은 곧 〈천상천하 독무이天上天下獨無二〉를 의미한 것이니 말한, 불한, 신한을 이두자吏讀字 마한馬韓, 진한辰韓, 변한弁韓이라 기록한 것이다.

요컨대 진辰, 마馬, 변弁은 삼한三韓의 원리原理를 이두식吏讀式으로 표기表記한 것에 불과하다. 그러므로 신채호申采浩氏는 이때의 ㅁ(마馬)를 천天, ㅂ(변弁)를 지地, ㅅ(진辰)를 즉 인人으로 풀이하고 있다. 즉, 마한馬韓을 ㅁ의 왕王, 변한을 ㅂ의 왕王, 진한을 ㅅ의 왕王으로 규정하는 것이다. 이러한 설說을 인체人體에 적용하면 이때의 ㅁ가 머리(두頭), ㅂ가 발(족足), 그리고 ㅅ가 손(수手)이 되므로 각각 마한馬韓이 머리, 변한弁韓이 발, 진한辰韓이 손을 지배하는 왕王이 된다. 머리는 인체人體의 명령기관命令機關이고 발은 인체人體를 떠받들어 지탱케 하는 부분이며, 손은 명령命令을 집행하여 인체人體를 통일하는 부분이다."

어산 박용숙은 ㅁ(마馬)를 천天, ㅂ(변弁)를 지地, ㅅ(진辰)를 즉 인人으로 풀이하고 있다. 즉, 마한을 ㅁ의 왕王, 변한을 ㅂ의 왕王, 진한을 ㅅ의 왕王으로 규정하는 것이다. 이러한 논리를 인체에 적용하면 이때 ㅁ가 머리(두頭), ㅂ가 발(족足), 그리고 ㅅ가 손(수手)이 되므로 각각 마한이 머리, 변한이 발, 진한이 손을 지배하는 왕이 된다. 머리는 인체 명령기관이고, 발은 인체를 떠받들어 지탱케 하는 부분이며, 손은 명령을 집행하여 인체를 통일하는 부분이라는 신채호 주장에 어산은 찬사를 보내고 있다.

삼한 구성이 머리와 발 그리고 손이며, 마한과 진한 그리고 변한의 의미에서 《천부경》의 진정한 이치를 구현하고자 한 것이다.

혹자는 신라 서라벌 어원이 사제 역할을 담당하였던 '진한 ㅅ'에서 나왔다고 조심스럽게 이야기한다.

즉 '진辰'을 '일월성신日月星辰'의 '신辰'으로도 읽을 수 있으니, '신辰'의 'ㅅ'가 서라벌 첫 글자가 된다는 논리이다. 사실 동쪽 별을 진성辰星이라 하고, 이 별이 바로 금성金星인 것을 참고하면 근거 없는 이야기는 아니다. 신라 시조 박혁거세朴赫居世가 쌓았던 금성金城과 금경金京을 서라벌이라 하기 때문이다.

다시 말해서 서라벌은 일월성신이 삼라만상처럼 펼쳐진 벌판으로 여긴다는 주장이다.

재미있는 의학적 연구 결과가 있다.

1906년 독일 W. 프리즈Fliess(1858-1928)가 인간 신체와 감정 그리고 지성에 주기가 있다고 하는 주장하데, 바로 요즈음 산업공학에서 키워드로 떠오르는 '바이오리듬Bio rhythm'이다. 인간주기율人間週期律이라고도 하며, 신체Physical와 감정Sensitivity 그리고 지성Intellectual 머리글자를 따서 'PSI학설'이라고도 한다. 또는 생물시계 또는 체내시계라고도 한다.

프리즈가 환자들 기록 카드를 종합하여 연구한 결과 설사와 발열과 심장 발작 그리고 뇌졸중 등에 규칙적인 주기가 있다는 사실을 발견하였는데, 남자와 여자는 각각 남성인자(신체리듬)와 여성인자(감정리듬)에 의해서 지배되며, 남성인자에는 23일, 여성인자에는 28일의 주기가 있다는 것을 증명하였다. 또한, 기억력 등 지적인 면에도 33일을 주기로 하는 주파가 있다는 것을 발견하였다.

여기에서 남성인자는 23일, 여성인자는 28일과 기억력 등 지적인 면에도 33일을 주기로 한다는 결과에서 숫자들이 새롭다. 견강부회인지는 몰라도 우주 천체에서 별자리 28수宿와 금성 궤도인 33천이 연상되기 때문이다.

그리고 누구도 언급하지 않았지만, 남성인자 23도 의미심장한 숫자임에 틀림이 없다.

어산 박용숙은 이러한 이야기를 한다.

"베살리우스(1514-1564)는 코페르니쿠스가 지동설을 발표하여 시련에 처하자, 그를 지원하기 위하여 인체를 해부한 결과를 근거로 《인체의 구조》라는 책을 펴냈다.

인체의 황금비가 지구의 회전궤도와 대응된다고 강조하며, 코페르니쿠스의 주장이 정당함을 주장하였다. 인체의 황금비는 사람의 몸통을 구성하는 파토스(심장)와 로고스(눈) 그리고 에로스(성기)의 세 축이고, 이 축의 비례가 3:2 신성비례라 하였다.

《천부경》의 무궤도 사람의 인체비례와 통한다.

사람의 몸통 궤짝에도 황금비가 있고, 지구의 궤도인 하늘 궤짝에도 황금비가 있다는 것이다. 도상학의 세계적 권위자인 파노프스키(1892-1968)도 그리스 히포크라테스와 플라톤의 금언집 한 문장을 소개하면서, 비례는 어떤 생물, 특히 인체 각 부분의 수학적 관계를 결정하는 체계라 하였다. 인체 각 부분의 수학적 체계가 우주의 축소판이라는 것이다. 플라톤의 생각을 충분히 이어받은 스토아학파는 인체 내부의 기관을 특정한 행성이나 별자리에 적용한다. 이를테면 목성을 뇌, 수성을 신장에 배당하는 식이다."

코페르니쿠스와 베살리우스 일화에서 《인부경》과 《천부경》 일치를 본다.

진리는 동양과 서양 경계가 없다는 것이다.

그 추구하는 방법이 연역이든 귀납이든 진리는 하나로 통하기 때문이다.

어산은 《천부경》에서 81자, 《지부경》에서 100자 그리고 《인부경》에서 25분절을 합하면 206자가 된다고 하였다.

의학적으로 인체에 뼈 개수는 206개이며, 체온은 36.5도이다.

적정 체온 36.5도에서는 일 년 365일을 떠올리게 된다.

그리고 다음과 같은 이야기를 한다.

"남방 샤머니즘인 요가(bata yoga)나 인도의 탄트라Tantra교에서는 인간의 신체를 지구 자전 공전의 거인 이미지와 동일시한다. 이를테면 인체의 여러 요소에 알파벳 문자는 물론 열 개의 숫자를 부여하여 게마트리아의 수가 우주와 인체의 동일성을 전하는 언어임을 보여준다. 게마트리아 수를 인체에 대입하면 다음과 같은 도표가 된다."

간략한 도표는 아래와 같다.

1	2	3	4	5	6	7	8	9	10
눈	귀	코	입	심장	배꼽	성기	발	팔	항문

어산 박용숙은 다음과 같이 이야기한다.

"《천부경》은 사람의 마음이 심장이 있는 자리가 하늘에서는 태양이 있는 자리라고 말한다. 마야 문명 시대의 사람들은 생사람의 심장을 떼어내어 신에게 바치는 의식을 했는데, 그들은 사람의 마음을 상징하는 심장이 신의 의지를 실천하는 기관임을 알고 있었다. 심장이 마음이라는 깨달음에서 우리는 빛과 그림자, 선과 악이 둘이 아니고 하나임을 알게 된다.(본심본태양本心本太陽, 앙명인중천지일昻明人中天地一)"

어산 박용숙《인부경》을 읽으면, 경이로움을 느낄 수밖에 없다.
'심장이 마음이라는 깨달음에서 우리는 빛과 그림자, 선과 악이 둘이 아니고 하나임을 알게 된다'고 하며 태양 자리가 심장이고, 심장이 마음이라는 깨달음이 중요하다고 하였다. 《천부경》에서는 태양과 달 그리고 금성 만남에서 밝음인 빛과 어두움인 그림자가 화해한다고 주장하였다.
그리고 중요한 것은 《천부경》을 《인부경》과 같은 의미로 보는데, 많은 시간을 할애하였다. 그 내용들은 소중하고 주옥과 같은 해설이다. 이러한 담론을 우리는 반드시 발전시켜 나가야 한다.

어산 박용숙은 사람의 인체 기능으로 지구 자전과 공전의 움직임을 이야기한다.

> "지구에는 단세포생물부터 고등생물까지 생명이 산다. 지구는 자전하면서 한 번은 불을 주고 또 한 번은 물을 준다. 생명이 살 수 있는 이유이다. 하지만 지구가 태양을 돌지 않는다면 사계절의 지점을 통과하지 못하여 생명이 생장하며 열매를 맺지 못한다. 바라춤의 손목돌리기가 자전(자리自利)이고 팔돌리기가 공전(이타利他)이 되는 이유이다. 이 지구의 자전 공전의 도를 불경은 '제행무상諸行無常'이라고 한다. 무상의 무無는 없다는 뜻이 아니라 금성과 지구의 드라마를 의미하는 뫼비우스의 띠이다. 인간 존재는 뫼비우스 띠에서 벗어나지 못한다. 이기심과 이타심도 뫼비우스의 띠로 하나이면서 둘이고 둘이면서 하나이다. 다람쥐가 쳇바퀴 속에서 뱅글뱅글 돌 듯이 우리의 삶도 이와 똑같다. 이 깨달음을 일승一乘이라고 할 때 비로소 우리는 사는 의미를 묻는 존재론存在論을 이야기하게 된다. 현대 유럽의 인문학은 존재론ontalogy이라 한다. 이 말의 어원은 그리스어로 '길제한다'는 뜻이다. 부언하자면 일승一乘이라는 의미와 다르지 않다. 일승해야만 우리는 존재의 의미가 무엇인지 알게 된다."

지구 자전과 공전에서 물과 불이 있게 되기 때문에, 지구는 생명이 살 수 있는 마당이 된다. 그것은 마치 바라춤 손목돌리기 원리와 같다는 것이다. 바라춤이 지구 자전과 공전 모습을 상징하는 것이기에, 지구 자전은 자리自利이고 공전은 이타利他이며, 자리이타自利利他가 있게 된다고 한다. 그리고 제행무상諸行無常은 '모든 것이 무상하다'는 뜻이 아니라 금성과 지구의 만남을 말하는 무無, 즉 모든 움직임은 금성이 항상 존재하기 때문이라는 것이다. 이러한 깨달음이 바로 일승一乘이며, 지구 자전과 공전 파악에서야 존재론이 있을 수 있다는 주장이다.

- 석가모니불 -

바라춤 손목돌리기가 지구 자전과 공전 모습을 상징하는 것은 사람의 팔꿈치가 자유자재로 구부러지기에 가능한 구조라 한다. 팔뚝이 이타利他라면 손목은 자리自利로서, 모순이 아닌 화해의 기능으로 또 다른 자리이타가 성립된다고 주장하는 것이다. 팔은 굽혔다 폈다 함으로써 신체 어떤 부분보다도 구부러지는 기능을 많이 한다는 이야기도 의미가 심장하다.
　어산 박용숙은 구체적인 인체구조에서 지구 자전과 공전의 모습을 설명한다.

　　"석가는 가부좌로 정신을 집중한다. 가부좌는 두 발을 비틀어 꼬는 자세로 우리는 이를 게마트리아의 81수라 했다. 오른다리는 금강계金剛界, 왼다리는 태장계胎藏界의 이념을 상징한다. 이 말을 게마트리아로 옮기면 금강은 봄여름이고 태장은 가을겨울이다. 따라서 두 발을 꼰 자세는 지구의 자전축 X+ 지점을 상징하는 제스처이다. 빛과 그림자의 시소게임이 순간적으로 멈추면서 음양의 기가 교차되는 바로 그곳이다. 《역경易經》은 이를 '감이교구坎離交媾'라고 했는데 이것이 곧 우리 국기가 보여주는 태극이다. 또 두 손을 맞대는 선정인禪定印은 요가의 기본자세로 이는 두 개의 팔 99九九수를 의미한다. 이는 석가의 가부좌가 게마트리아로 9×9=81의 《천부경》을 몸으로 표상하고 있음을 보여준다."

　어산 박용숙은 인체 신비를 구체적으로 조목조목 이야기하지는 않았다. 다만 외부에 나타나는 신체 자세에서 인체 신비를 말하는 것이다.
　석가의 결가부좌結跏趺坐와 선정인상禪定印相에서 그 신비를 이야기한다.
　정신을 집중하는 자세라 하였지만, 그 몸짓은 바로 지구 자전과 공전 그리고 금성과의 만남이라 주장하는 것이다. 두 발을 꼰 가부좌와 두 손을 맞대는 선정인에서 지구의 자전축과 9×9=81의 《천부경》을 강조하는 것이다.
　참고로 학자들이 언급하는 《지부경》과 《인부경》을 소개한다.

- 우주 -

地符經

十終有終十
靜九抱一 一九白宏
動十生一 折化三三
天一貫五七 地一貫四八
人一貫六九
神龜負九五極本圖
七八化象 行三八政
乾坤配合 通約九六
六六大化 十十理機
三十六宮 十三月國 神人百八
十十行道 大神機漏盡
一九宏同化十
十始有始十

땅의 이치에 합하는 글

열十은 끝나지만 끝나는 열十이 있으니,
정靜한 아홉九은 하나一를 품고, 하나一와 아홉九은 밝고 크다.
동動인 열十은 하나一를 낳으니, 셋셋三三이 된다.
하늘은 다섯五과 일곱七을 하나一로 꿰고, 땅은 넷四과 여덟八을 하나로 꿰고,
사람은 여섯六과 아홉九을 하나로 꿴다.
신묘한 거북이 신구神龜는 구궁九宮과 오행五行의 원리인 구오극본도九五極本圖를 등짝에 지고서 나왔으니,
일곱七과 여덟八이 그림처럼 되고, 셋三을 행하니 여덟八이 바르게 된다.
건乾과 곤坤의 만남은 아홉九과 여섯六으로 통하기를 약속하였다.
여섯六과 여섯六이 크게 변하면, 열十과 열十이 이치의 기틀이 되니,
삼십육三十六 가람이요, 십삼월十三月 나라이요, 백팔百八 신인이다.
열十과 열十로 도를 행하면, 대신기大神機가 다함이 없으며,
하나一와 아홉九이 크게 열十로 동화된다.
열十이 시작하지만 시작하는 열十이 있다.

人符經

天地大本中正人
天十地一 地九天二
天八地三 地七天四
天六地五 天地合十一
天地合德人 天地合道人
天十地三 地九天四
天八地五 地七天六
人地天十三
天十地五 地九天六
天八地七
十乾天五坤地
十五眞主
三極三神 會六歸二
道家眞靈 大寶性命精
三三六六 定矣

사람의 이치에 부합하는 글

하늘과 땅의 대본大本은 중정인中正人이다.
하늘은 열十이고 땅은 하나一이며, 땅은 아홉九이고 하늘은 둘二이다.
하늘은 여덟八이고 땅은 셋三이며, 땅은 일곱七이고 하늘은 넷四이다.
하늘은 여섯六이고 땅은 다섯五이며, 하늘과 땅을 합하면 십일十一이다.
하늘과 땅은 덕인德人과 합하니, 하늘과 땅은 도인道人과 만난다.
하늘이 열十이고 땅은 셋三이며, 땅은 아홉九이고 하늘은 넷四이며,
하늘이 여덟八이고 땅은 다섯五이며, 땅이 일곱七이고 하늘은 여섯六이며,
사람과 땅과 하늘은 열셋十三이다.
하늘은 열十이고 땅은 다섯五이고, 땅은 아홉九이고 하늘은 여섯六이다.
하늘이 여덟八이고 땅은 일곱七이다.
열十은 건乾인 하늘이고 다섯五은 곤坤인 땅이 된다.
열다섯十五이 진짜 주인이 된다.
삼극三極과 삼신三神은 여섯六에서 만나 둘二로 돌아간다.
도가道家의 참된 영은, 큰 보배 성性·명命·정精이다.
셋三과 셋三은 여섯六과 여섯六으로 정하여진다.

부족하지만, 우리말로 옮겼다.

《지부경》은 100자이고, 《인부경》은 108자인데 25분절로 구성되어 있다.

다시 말해서 《천부경》에서 81자와 《지부경》에서 100자 그리고 《인부경》에서 25분절을 합하면 206이라는 숫자가 나온다. 206은 사람 뼈마디 206개와 일치한다.

이것이 우연인지는 의도적인지는 모르겠다.

다만 《지부경》과 《인부경》 분절은 해석 편의로 하였다.

어산 박용숙 《인부경》 해석은 순전 천부경81자 해석에서 결과이다. 지구 자전과 공전에서 이치를 만물 척도라는 인체구조를 통하여 밝힌 것이다. 때문에 재야학자들이 거론하는 《인부경》 108자와는 관계가 없다고 보아야 할 것이다.

6
박용숙朴容淑은 천부경天符經을 어떻게 풀었는가

6 박용숙朴容淑은 천부경天符經을 어떻게 풀었는가

天符經

一始無始, 一析三極, 無盡本,
天一一, 地一二, 人一三,
一積十鉅, 無匱化,
三, 天二三, 地二三, 人二三,
大三合, 六生七八九運,
三四成環, 五七一妙衍,
萬往萬來, 用變不動本,
本心本太陽,
昻明人中天地一,
一終無終一

> 一始無始
> 한 해는 삼태三台에서 시작된다.
> 삼태는 해, 달, 금성이다.
> 한 해를 이루는 궤도는 세 자리[極]로 나뉘며, 이는 지구궤도의 불변하는 몸통이다.

어산 박용숙《천부경》첫머리부터 자못 이색적이다.

우리가 알고 있던 내용과는 판이하기 때문이다.

전병훈도《천부경》처음 분절을 '일시무시일一始無始一'이라 하지 않고, '일시무시一始無始'라 하였다.

전병훈 해석은 아래와 같다.

> "천지天地는 허무虛無한 가운데서 생기고, 천지보다 앞에 있었던 것은 단지 혼돈의 일기一氣였다. 공허하고 광막하여 아무 조짐도 볼 수 없으므로 무시無始라 한다. 무시는 곧 무극無極이니, 무극이면서 태극太極이다. 태극이 동動하면 양陽을 생생生하고, 정정靜하면 음陰을 생생生하니 천지가 처음 성립된다. - 자축지회子畜之會 이다. - 고로 일一은 무시無始에서 시작된다. 일一은 태극의 일一이니 원신元神의 운동능력이 그것이다."

전병훈은 우주 시작인 '시始'의 시간과 공간을 가늠할 수 없다고 하였다.

그러면서 무시無始를 무극無極이면서 태극太極이라 두리뭉실하게 넘어갔다.

태극은 그렇다 하고, 무극에서는 나름 독창적이면서 구체적 설명이 없었다. 이런 관념적인 접근이라면 송나라 주자《태극도설》부근을 못 벗어난 것이라 할 수 있다.

어산 박용숙이《주역》을 말한다.

"《주역周易》의 〈계사전繫辭傳〉에서 일一, 삼三, 오五, 칠七, 구九는 천天(십十)이며, 이二, 사四, 육六, 팔八, 십十이 지地(일一)로서 결국 수의 종류는 두 가지로 나누어지는 셈이다. 그렇다면 '일시무一始無'에서 일一이라는 것은 곧 첫 번째 양陽이라는 뜻이 되어 결국 첫 양陽은 무無에서 시작된다는 뜻이다. 그런데 첫 번째의 양陽의 시작은 그것이 결코 하나가 아니라 일시一始에 셋(삼극三極)으로 갈라지는 것이며, 그 셋이야말로 다함이 없는 것(무진無盡)의 본本이 되는 것이다. 이때 셋 중에서 첫 번째로 발견되는 것이 양陽(천天)으로서의 일一이며 두 번째로 발견되는 것이 음陰(지地)으로서의 이二이며 세 번째로 발견되는 것이 양성兩性(인人)으로서의 삼三인 것이다."

어산 박용숙은 《천부경》 '일시무시一始無始'를 공자가 주도한 《주역》〈계사전〉을 인용하여 설명하였다. 첫 번째 양陽의 시작은 그것이 하나가 아니라 일시一始에 셋(삼극三極)으로 갈라지는 것이며, 그 셋이야말로 다함이 없는 것인 무진無盡의 본本이 된다고 한다. 이때 셋 중에서 양陽(천天)으로서 일一이며 음陰(지地)으로서 이二이며 양성兩性(인人)으로서 삼三인 것이라 한다.
《주역》〈계사전〉에 근거한 이야기다.
물경 10,000년 전, 환인시대부터 구전되는 것을 단군시대에 녹도문으로 정리하였다는 《천부경》을 후대 공자의 관점인 《주역》으로 설명하는 것은 어떤 의미가 있을까.
〈하도〉와 〈낙서〉도 물론 《천부경》 한참 후에 기록이기 때문이다.

"《설문說文》은 '3'을 '천지인天地人의 도道'라 하고, 《주역周易》〈설괘說卦〉에서는 '천량지天兩地'라 하였다. '천양지'라는 말은 왼쪽에 빛을 뜻하는 하늘과 오른쪽에 그림자를 의미하는 땅을 배치하고, 그 둘을 거느리는 양兩이 중앙에 배치되어 있다. 《고기古記》에서는 이를 '일기자내유삼신一氣者內有三神(커다란 기운 안에는 삼신이 있다)'이라 하였다."

'천량지天兩地'는 사람이 하늘과 땅을 양쪽에서 부축한다는 말이라는 줄거리다.

하늘과 땅보다 사람을 크게 보았다.

어산 박용숙은 이 위대한 사람(인人)을 금성이라 한다.

금성을 사람이라 한다.

지구가 태양을 돌고, 달이 지구를 돌고 금성이 태양을 돌며 지구와 교차한다.

금성이 태양을 일주하는 시간은 224.7일이니, 지구와 금성 일주시간은 141의 차이가 난다. 그렇지만 금성이 삼새끼줄처럼 어떤 회오리 운동을 하는지는 정확히 모르지만, 춘분과 추분이 되면 반드시 지구에 찾아와 태양의 따뜻한 바람과 달의 찬바람을 전하여 준다고 한다. 우주에 금성이 있기에, 지구에는 사계절이 있다. 때문에 소생하는 봄에는 만물이 생동하고, 갈무리하는 가을에는 만물을 수확하게 된다는 것이다.

지구 사계절은 금성과 만남에서 이루어진다.

만물의 생동과 수확은 금성과 지구의 60도 각도와 적절한 시간에서 이루어진다고 하는 것이다.

하늘과 땅을 사람이 부축하고, 사람은 땅과 하늘을 숭배한다.

"인人은 지구의 자전축으로, 그곳에서 3:2의 관계, 즉 빛과 그림자가 자리바꿈하거나 한 순간에 사라지는 X十의 의미가 된다. 인人은 단순히 사람을 가리키는 문자가 아니라 천문학 용어이다. 음양이 교차하거나 함께 있는 핵核이라는 뜻이다. 샤면의 X十이고 제로zero를 말하는 것이다. X十은 북두칠성과 일직선을 이루는 지구의 위도를 말하는 것으로 샤면문명의 역사 유적으로 보면 주로 위도 35도에서 40도에 이르는 곳에 해당한다."

태양인 빛과 달의 그림자인 밝음과 어둠의 모순은 지구의 자전축인 사람

(인人)이 있기에 해소된다고 한다. 사람을 회오리 기능으로 본 것이다. 수미산須彌山 위 도리천忉利天이라 할 수 있는 그곳에는 회오리 운동이 있는 오五와 십十의 본거지인 십오(X十) 의미라 한다. 오五와 십十 본거지를 주재하는 것이 바로 위대한 사람이라 하는 것이다.

이를 근거하여 어산은 마고의 십十을 모든 것의 본本으로 여긴 것이다.

> "'일시무시一始無始'에서 '일一'은 회귀년이다.
> 새해가 무無에서 시작한다는 말이다.
> 《예기禮記》에서 무無를 '달력의 길(易之道也)'이라 하였다. 새벽별이 양쪽에 해와 쪽달을 거느리고 있는 상황이 무無로 형상화된 것이다. 이런 드라마가 연출되는 것이 춘분날 새벽이다. 무가巫家에서 해와 쪽달과 새벽별이 나타나는 춘분날 새벽에 새해맞이 굿을 한다.
> 회귀년 시작이고, 이 회귀년 무대를 《천부경》에서는 '일시무시一始無始'라 한 것이다.
> 《천부경》 문고리는 '무無'이다.
> 《천부경》 연구자는 '일시무시一始無始'를 엉뚱하게 '없는 곳에서 하늘과 땅이 시작한다'라 한다."

무無를 '달력의 길(역지도야易之道也)'이라 한 《예기》를 어산은 허투루 넘어가지 않았다.

역사적으로 세계사에서 기념비적 전쟁은 바로 이 '무無'를 쟁취하기 위하여 일어났다고 어산은 말하였다. 즉 천문학 시간표 달력을 쟁취하냐 빼앗기냐에 승자와 패자가 결정된다는 것이다. 땅이야 있든 없든 그것은 아무것도 아니라는 것이다. 달력을 옹골차게 움켜쥐고 있으면 그곳이 바로 세계 중심인 옴팔로스Omphalos가 되기에, 진정한 세계 패권국이 될 수 있다는 것이다. 그리고 대야발 조상을 김부식이 말갈靺鞨이라고 썼지만, 우리는 그 말갈이 어떤 종족인지를 알지 못한다고 한다. 그들 말갈이 고구려와 함께 단군조선을 수호하기 위하여 근본도 없는 수隋와 당唐과 처절한 전쟁을 치렀다고 어산은 주장한다.

그래서 어산은 《달력의 전쟁》이라는 제목으로 마지막이 될지도 모르는 집필을 시작하고 있었던 것으로 알고 있다. 그러나 그것은 미망迷妄의 신념으로 남았다.

"노자老子는 무無를 천지의 시작이라 하였다.
그가 천지라 하였을 때, 하늘은 빛이요 땅은 그림자이다. 빛과 그림자는 새벽이나 저녁에 시작하고 끝난다. 빛과 그림자가 접촉하는 곳이 바로 무無이다. 따라서 무無는 이분법을 허용하지 않는 초월적인 능력을 지닌 해결사이다.
무無 중앙에 대인大人이, 그 양쪽에 소인小人 두 사람을 거느리고 있는 상형이다.
한자 해설서인 《정자통正字通》은 무無는 '만夒', '만卍'과 바꿀 수 있다.
만卍자는 모양이 두 가지이다. 하나는 좌측으로, 다른 하나는 우측으로 돈다. 두 개의 만卍자는 춘추분에 금성이 지구와 교차할 때의 정황을 나타내는 부호이다. 무는 두 개의 만卍자를 모두 겹쳐놓은 이미지이다."

우리는 도가사상을 '무위자연無爲自然'이라 한다.
'아무것도 하지 않는 자연'이라고 한다.
하지 않으면 그만이지, 그것을 어찌 자연이라 하는가.
'무無'를 모르니, 그렇게 된 것이다.
어산은 명료하게 '무無가 있기에 자연이 된다(無爲自然)'고 한다.
노자의 무無가 천지 시작이라는 말이 바로 그것이다.
어산은 만卍자는 두 모양이 합쳐 된 것이라 한다. 하나는 좌측으로, 다른 하나는 우측으로 돈다. 만卍자는 춘추분에 금성이 지구와 교차할 때 정황을 나타내는 부호라 하였다.

이는 무엇을 말하는가.

지구는 태양을 반시계 방향으로 돌고, 달은 지구를 반시계 방향으로 돈다. 그리고 유일하게 금성은 태양 왼쪽으로 돈다고 한다. 이러한 회전에서 만卍자는 하나는 좌측으로, 다른 하나는 우측으로 돈다는 것을 분석하자면, 지구는 좌측으로 금성이 우측으로 돈다는 사실에 대입하여서 만卍자는 지구와 금성의 만남이라고도 할 수 있다는 것이다.

다시 말하여 금성은 중심축(Axis of munde)에서 회오리를 일으켜 지구에 사계절을 만들어 생장과 수확을 주도하는데, 이는 사람의 권능과 같다는 줄거리이다.

어산 박용숙의 이야기는 어렵다.
그렇지만 소중한 중용中用이면서, 일이관지一以貫之 개념이다.
창조는 험난한 돌파에서 빛을 발하는 것이다.
누구나가 노자를 위대한 사상가인 줄은 알지만, 위대하다고만 하면 그것은 아니다.
'일시무시一始無始'에서 '일一'은 한 해이다.
무無에서 한 해가 시작한다는 말이다.
그리고 한 해는 해와 달과 금성인 삼태성이 좌우한다는 천문학적 이치를 이야기한다. 사실《천부경》을《무경無經》이라 할 수도 있고, 더 나아가서는 샤면의《무경巫經》이라고 할 수도 있다는 것이다.
우리나라 무속에 대하여 자타가 공인하는 학자가 바로 그다.
서울지역에 굿을 정리한 〈경성열두거리京城十二祭次〉이다.

"떠오르는 일월광명日月光明,
지는 일광명성日光明星

> 동두칠성東斗七星
> 서두칠성西斗七星
> 남두칠성南斗七星
> 북두칠성北斗七星
> 중앙에는 삼태육성三台六星⋯."

삼태는 해와 달 그리고 금성이며, 육성은 묘성昴星이다.

하늘에 중앙을 관장하는 삼태三台가 시작이며, 삼태를 한마디로 '무無'라 한다.

그리고 삼태三台는 육성六星을 낳는다.

그래서 어산은 일시무시一始無始, 한 해는 삼태三台에서 시작된다고 하는 것이다.

> 一析三極, 無盡本
> 한 해를 이루는 궤도는 세 자리[極]로 나뉘며, 이는 지구궤도의 불변하는 몸통이다.

어산 박용숙은 이렇게 설명한다.

일석삼극의 한 해를 이루는 궤도를 세 자리[極]로 나누는 것은 바로 태양과 달 그리고 금성의 조화에서 비롯된다고 한다.

"지구를 빙빙 도는 맷돌로 생각하고, 그곳에 올라타는 것을 승乘이라 하고, 이를 다시 공꾼이라 한다. 아함경은 빨리어로 전승傳乘이라는 의미이다. 전승은 아가마이고, 이를 다시 소승小乘이라고 풀이할 수 있다. 소승小乘은 엎어놓은 돌사발 속에 직접 들어가던 시대의 행법이고, 대승大乘은 설법시대의 행법이라고 할 수 있다. 법화경은 한번 타는 것을 일승一乘이라 소승小乘이라 하였다. 여기서 소소는 작다는 뜻이 아니라, 석가가 초기 수행하였던 아함시阿含時의 구문지법求聞持法으로 단번에 혹은 한 순간에 자전 공전의 이치를 간파한다는 뜻으로 풀어야 옳다. 그것이 일승一乘이다. 석가는 이 일승의 감격을 아뇩다라삼먁삼보리阿耨多羅三藐三菩提라고 한다.

다시 일승一乘은 자전하는 지구에 올라탔다는 깨달음이 아니라, 그 시간에 우주궤도에서 지구가 어떤 곳에 와 있는지 헤아린다는 뜻이다. 그 현주소를 정확히 파악하는 장치가 아함阿含이다.

춘분의 정오에 나타나는 엎어놓은 돌사발 속에서 정오의 햇빛을 본다는 것은, 다름 아닌 지구의 지전 공전의 리듬을 실감하면서 이승과 저승이 있음을 깨닫는 일이다."

대승大乘은 많은 사람들이 큰 수레에 타고 가는 것이고, 소승小乘은 혼자서 작은 수레를 타고 가는 것이라고도 한다. 이렇게 알고 있어도 많은 사람은 아무 불편 없이 산다.

그런데 '대大'와 '소小'는 분명 천문학 용어라 어산은 말한다.

특히 소소는 작다는 뜻이 아니라, 석가가 초기 수행하였던 아함시阿含時의 구문지법求聞持法으로 단번에 혹은 한순간에 자전과 공전 이치를 간파한다는 뜻으로 풀어야 옳다면서, 그것을 일승이라 하였다. 지구 운행을 정확히 파악하였으니, '승乘'과 '공空'의 참뜻을 깨달을 수 있다고 한다. 그 수행 방법의 대표적인 것이 결가부좌結跏趺坐하여 화두인 천문의 실마리를 잡는 것이라 한다. 그리고 이 결가부좌結跏趺坐의 '좌坐'가 '승乘'과 같은 진정한 득도得度라 하는 것이다.

여기에서 '도度'는 천문학의 위도緯度와 경도經度와 가깝다고 할 수도 있다고 한다.

"《금강경金剛經》이 엎어놓은 돌사발 속에서 진행되는 구도법을 적은 경전임을 말하여 준다. 《금강경》에서의 '응무소주應無所住(무소無所에 응하여 머물면), 이생기심而生其心(마음이 생겨난다)'이다.

여기에서의 '무소無所'가 '무無'이며 '무명無明'이다.

해와 쪽달과 금성이 춘분이 되는 새벽하늘에 나란히 뜨는 순간, 이 우주 쇼를 화엄華嚴이라 한다. 하늘에서 벌어지는 화려한 꽃의 축제이다. 화엄을 '원융문圓融門'이라고도 하고, '원융무작圓融無作'이라고도 한다.

'무작無作'의 '무無'는 '마고麻姑'이다.

화엄종華嚴宗의 의상義相은 이를 '제법원융무이상諸法圓融無二相'이라고도 한다. '원교圓教' 즉 '원圓의 가르침'이다. 원융圓融은 곧 아자방亞字房이다. 금성이 원을 그리며 태양과 달의 삼위일체 협업하는 모양새가 원융이며, 《천부경》의 '삼사성환三四成環'이다."

우주 일월성신이 하늘에서 아름답게 수놓는 것을 《묘법연화경妙法蓮華經》

의 '법화法華' 또는 《화엄경華嚴經》의 '화엄華嚴'이라 한 것이다.
 다른 말로는 화려한 꽃들이 우주에 펼치는 아름다운 코스모스쇼Cosmos show인 셈이다.
 어산 박용숙은 《금강경》에서 '응무소주應無所住, 이생기심而生其心'을 이렇게 해석하여야 한다고 말한다.

  '무소에 응하여 있으면   應無所住,
   그 마음이 생긴다.   而生其心.'

 여기에서 '무소無所'는 '소유를 하지 않는 것이 아니라, 무를 소유한다는 뜻이라 한다.
 즉 '응무명소주應無明所住'라는 것이다.
 다시 말해서 무명은 금성이니, 금성에 응하라는 것으로 해석된다는 이야기이다.
 이것이 '제법원융무이상諸法圓融無二相'이며, 금성이 원을 그리며 태양과 달의 삼위일체 협업하는 모양새가 원융이며, 바로 '삼사성환三四成環'이라 하는 것이다.
 지구궤도를 불변하게 하는 몸통이 바로 일 년에 두 번 찾아오는 금성이 있기 때문이라 한다. 금성이 있기에 삼신일三神一이라는 용어도 성립한다는 것이다.

  "《고기古記》나 《고사古史》에서는 '삼신일체지도三神一體之道'라 하였다.
   3과 1의 관계가 원각圓覺이다. 금성이 지구와 교차할 때 원을 그리는 이미지를 말하는 것이다.
   '무無'라는 발음이 마고를 뜻하는 소리(mu)·(moo)와 같다는 것도 주목할 일이다.

마고麻姑의 무無는 인류가 공통으로 엄마를 일컫는 소리글자와 묶여 있다. 《설문說文》은 무를 '무母'와 '만曼' 혹은 '만연曼衍' 또는 '무극無極'이라 하였다. 만연은 '넓게 퍼지다'는 뜻으로 원의 이미지이다. 원은 돈다는 뜻으로 지구의 자전과 공전 이미지이다.

불교경전에서는 이 무無를 '불이不二'라 한다. 하나가 아니고 둘도 아닌 어떤 것이다. 그리고 '무명無明'이라 한다. 무명은 금성이다."

어산 박용숙은 무명無明을 금성金星이라 하였다.

"금성을 나타내는 비너스는 누드로 표현된다. 흔히 이를 사랑과 성욕의 심벌이라고 말하지만, 이는 잘못된 샤머니즘의 차용이다. 지구는 금성이 지배하는 사계절의 정원이므로 비너스가 1차적으로 풍요와 다산을 의미한다는 것은 틀리지 않다. 그러나 풍요와 다산은 좋은 밭이 전제되어야 한다. 이런 주제가 무시되면 금성은 말 그대로 성욕의 심벌로 전락하고 만다.

피레네산맥에서 발굴된 비너스는 풍만한 가슴과 탐스런 배와 배꼽을 지녔으며, 무려 기원전 1만 5,000년으로 거슬러 올라가는 금성 이데올로기의 증거물이다. 얼굴은 생략되고 유방에 얹은 손은 형식적으로 묘사되었다. 강조된 것은 밭을 의미하는 유방과 배뿐이다."

어산 박용숙은 천문학 아스트로지Astrology를 말한다.

"천문학을 뜻하는 영어 단어는 'astrology'이다. 영국의 천문고고학자 니덤 Joshep Needham(1900-1955)은 그 말의 어원이 'astro'이고 바빌로니아의 여신 아스타르테Astarte에서 기원했다고 했다. 천문학의 본뜻이 '아스타르테'라는 것인데, 아스타르테는 곧 금성의 다른 이름이다."

이 아스타르테가 엉뚱하게도 그리스의 매끈하고 아름다운 사랑 비너스

Venus 여신으로 변모하였다는 것이다. 강조하자면 세계사 처음부터 끝이, 빛바랜 발칸반도 대리석 조각으로 왜곡되었다는 것이다.

-비너스 조각상-

선사시대에 출토되는 비너스상은 아름다운 조각상이 아니라, 풍만한 가슴과 탐스러운 배와 돌출된 배꼽을 강조한 투박한 돌덩어리였다는 것이다. 배꼽은 지구 자전축의 메타포이다. 복전福田(복전腹田)이니 옴팔로스Omphalos가 바로 그것이라 한다.

무명無明인 금성이 지구와 일 년에 춘분과 추분 두 번 만나고, 한 해를 이루는 궤도는 세 자리[極]로 나뉜다. 그리고 금성과 해와 달 세 자리는 하나이며 다시 셋으로 나뉘지만, 그것은 바로 하나의 움직임으로 본다는 것이다.

그것은 지구궤도의 불변하는 몸통이 있기 때문이라 말한다.

어산은 한 해를 이루는 궤도는 세 자리[極]로 나뉘며, 이는 지구궤도의 불변하는 몸통이라 하였다. 궤도가 세 자리로 나뉘며, 이 궤도는 불변하는 몸통에서 태양과 달 그리고 금성을 의미를 찾아야 《천부경》의 바른길이 열린다고 강조하는 것이다.

> 天一一, 地一二, 人一三
> 세 자리에서 빛(하지)을 一이라 하고, 그림자(동지)를 二라 하고, 새벽(춘추분)을 三이라 한다.

어산 박용숙은 일一은 태양이고, 이二는 달이고, 삼三은 새벽별이라 한다. 태양인 빛을 하지로, 달인 그림자를 동지로 그리고 금성인 새벽을 춘추분이라 부연 설명하였다.

그 내용은 무엇인가.

노자는 《도덕경》에서 이렇게 말한다.

> "도는 하나를 낳고, 하나는 둘을 낳고, 둘은 셋을 낳고, 셋은 만물을 낳는다.
> 만물은 음기를 이고서 양기를 껴안는데, 충기로서 조화를 이룬다.
> 道生一, 一生二, 二生三, 三生萬物.
> 萬物負陰而抱陽, 沖氣以爲和."

어산 박용숙은 이 문장을 다르게 해석한다.

'도道'를 '도度'라 한다.

한나라 때 지은 《한서漢書》를 인용하여 〈천문지天文志〉에는 '도度'를 천체 운행 거리를 뜻한다고 하였다.

다른 말로, 우리가 말하는 '도道'는 사람 다니는 길이 아니라는 것이다.

다시 말하지만, 행성 궤도軌道가 바로 '도道'이며, 그 '도道'는 천문학 경도經度와 위도緯度에서 '도度'라 하여야 맞다고 하는 것이다.

그리고 '충기沖氣'를 '비어 있는 기운'으로 풀이하면, 노자 《도덕경》은 한낮 수양서修養書에 불과하다는 것이다. 즉 노자는 1, 2, 3수를 거론하고 '3이 만물을 낳는다'고 주장했다는 사실을 강조한다. 이 말을 공연한 숫자로 읽으면 무엇을 말하는지 알지 못한다고 한다. 노자는 1이 태양이고, 2는 달이고, 3은 금성이며, 금성이 지구와 두 번 교차하면서 지구에 만물이 생성한다고 말한다는 것이라 한다.

"무無가 천지의 시작이라고 했다. 그가 천지라고 했을 때의 천天은 빛이요 지地는 그림자이다. 빛과 그림자는 새벽이나 저녁에 시작하고 끝난다. 빛과 그림자가 접촉하는 곳이 무無인 것이다. 따라서 무는 이분법을 허용하지 않는 초월적인 능력을 가진 해결사라고 하여야 맞다."

다시 말해서 여기에서 '무無'가 노자의 바로 그 '삼三'이라고 어산은 주장한다.

지구라는 맷돌이 돈다고 생각하던 시대에 수의 매김은 하늘에서 시작된다. 노자는 1에서 2가 나오고 2에서 3일 나온다고 하였다. 하지만 그 3은 다시 시작의 기호가 된다. 노자가 3은 충기沖氣라고 부언한 것은 수가 천문 이미지가 되기 때문이다. 충기는 회오리치는 모양(회回)으로 음과 양이 뒤섞이는 상태를 말한다고 어산은 말한다.

삼三은 금성金星이니, '금성이 만물을 만들어내는 것이다'라고 해석하여야 맞다는 것이다.

삼參은 다시 시작의 상징이다.

노자가 3을 충기沖氣라 하였는데, 수가 천문의 이미지이기 때문이다. 충기는 회오리치는 모양(회回)으로 음과 양이 뒤섞이는 상태를 말한다.

다시 말하자면, 아라비아《회회력回回曆》도 그것이다.

도리천忉利天에서 돌고 도는 '회회回回'가 그것이다.

"천天은 태극의 일一로써 근본을 삼아 제일 먼저 개벽하였다. 그리고 천일天一은 물(水)을 낳는 까닭에 천일일天一一이라고 말하는 것이다.

지地는 역시 태극의 일一로써 근본을 삼으며, 천天은 지地의 외면을 감싸고 지地는 천天의 가운데 있다. 그리고 지이地二는 불(火)을 낳는 까닭에 '지일이地一二'라고 말한다.

사람 역시 태극의 일一로써 근본으로 삼는다. 천일天一과 지이地二의 물과 불이 이미 생生한 즉 해와 달이 운행하고 감坎과 리離가 성립되어 기화氣化하여 인을 낳는다. 삼은 삼재가 되므로 '인일삼人一三'이라고 말하는 것이다. ― 이상의 가르침은 시초 개벽의 이치를 가르쳐 밝힌 것이다."

전병훈 해석이다.
그는 《하도경河圖經》이라 하였다.
〈하도〉에 근거하여 '천일天一과 지이地二의 물과 불이 이미 생生한 즉 해와 달이 운행하고 감坎과 리離가 성립되어 기화氣化하여 인人을 낳는다고 한다. 삼은 삼재가 되므로 '인일삼人一三'이라고 말하는 것이다'라는 전개가 자못 인상적이다.

만물 근원인 물(수水)과 그것과 대립관계에 있는 불(화火)이 감리교구坎離交媾 화해에서 기화氣化로 인人을 낳는다고 하였으니 말이다. 그렇지만 전병훈은 물과 불이 기화하는 근본적 이유를 밝히지 않고 있다.

여기에서 전병훈 '기화氣化'가 바로 어산이 강조하는 노자의 '충기沖氣'이다.
어산 박용숙은 〈하도〉를 이해하려면 음양이 중심에서 회오리처럼 퍼져나가는 의미를 알아야 한다며 아래와 같은 이야기를 한다.

"사계절은 봄 여름 가을 겨울의 순서가 아니다. 상식으로 보면 봄과 여름이 지나고 가을로 이어진다고 생각되지만 그렇지 않다. 겨울에서 여름으로 건너뛰어 회오리를 통해 다시 봄으로 돌아가는 것이다. 〈하도〉의 원리는 이를 숫자로 옮긴 팔괘의 모습이다. 두 개씩 대항大項이 되어 짝을 짓는 수는 새로운 동력을 만드는 수가 된다 … 북쪽에 1:6수水, 남쪽에 2:7화火, 동쪽에 3:8목木, 서쪽에 4:9금金을 배치하고 있다. 상하좌우로 마주한 네 개의 무리 중심에 5:10토土를 두면 그곳에서 음과 양이 서로 뒤바뀐다. 그와 함께 음양의 대립이 회오리 속으로 휘말리며 새로운 동력이 발생한다."

어산의 〈하도〉에 대한 견해는 구체적이라면, 전병훈《하도경》에 대한 풀이는 다소 관념적이다. 어산은 음양이 중심에서 회오리처럼 퍼져나가는 의미를 〈하도〉의 1부터 10의 수가 두 개씩 대항大項이 되어 짝을 짓는 수는 새로운 동력을 만드는 수가 된다고 하였다.

지구에서도 문명발상지는 빛의 하지와 그림자의 동지와 새벽의 춘추분 경계가 분명하여, 하나가 셋이 되고, 셋이 하나 되는 황금벨트라 하였다. 어산은 세 자리에서 빛(하지)을 一이라 하고, 그림자(동지)를 二라 하고, 새벽(춘추분)을 三이라 하였다. 태양인 빛을 하지라 달인 그림자를 동지라 새벽별인 금성을 춘추분이라 하였다. 언뜻 이해 안 되는 구절이지만, 어산은 지구의 자전축의 움직임을 천문학적으로 설명하면서, 그 이유를 상세히 밝히고 있다. 그 구체적인 내용은 다음 '삼사성환, 오칠일묘연三四成環, 五七一 妙衍'에 있다.

> 一積十鉅, 無匱化
>
> 지구가 자전하며 공전할 때 새벽별(금성)은 지구에 다가와 궤도(匱)에 간섭한다.
>
> 하나가 쌓여서 10으로 커진다는 말은 24시간과 24계절의 이치를 말하며, 이때 지구의 궤도가 타원형(방축)으로 휘게 된다는 뜻이다.

전병훈은 이렇게 풀었다.

"천일天一의 일一부터 인삼人三의 일一까지 쌓여서 십十을 이룬다. 또 그 사상四象의 십十을 살펴보면, 가운데 오五를 얻어 십오十五를 이루어 조화가 구비된다. 북일北一은 서구西九를 얻어서 십十을 이루며, 서사西四는 북육北六을 얻어서 십十을 이루고, 동삼東三과 남칠南七 또한 그러하다. 그 수數가 널리 펴져서 생성됨은 크다고 하겠으며, '거鉅'는 크다는 뜻이다.

천지天地의 수數가 십오十五로 이루어지니 그 큰 변화가 널리 펴져서 그치지 않는다. 삼三을 포함한 생물들의 변화가 어느 때나 궁핍함이 없으므로 그렇게 말한다. 작게는 하루에서 한 달, 일 년까지를 말하고, 크게는 원元, 회會, 운運, 세世 등 조화가 널리 펴져 어찌 궁핍할 때가 있겠는가? 궤匱는 궁핍이다."

전병훈은 천지의 수가 십오十五로 이루어지니, 그 변화가 널리 펴져서 그치지 않는다고 한다. 그리고 삼三과 관계된 천지인 작용으로 생물들 변화에 있어서 어느 때나 궁핍함이 없다고 한다.

그리고 '북일北一은 서구西九를 얻어서 십十을 이루며, 서사西四는 북육北六을 얻어서 십十을 이루고, 동삼東三과 남칠南七 또한 그러하다'는 〈하도〉에 의한 수리를 설명한 것이다. 소박한 접근이다. 왜냐하면 '십十을 이루다'는 의미와 발전에 대하여 구체적이고 발전적인 설명을 하지 않았기 때문이다.

〈하도〉 중앙수인 음양인 오五와 십十에 의하여 천지 수가 이루어진다고 이야기하지만, 생수와 성수의 생성을 구체적으로 말하지 않는다. 그리고 전병훈은 '삼三'을 포함한 생물들에게는 궁핍함이 없다라고만 하였다.

다시 말해서, '무궤無匱'를 '없을 무無'라 하여 '궁핍할 궤匱'라 한 것이다.

어산 박용숙은 다음과 같이 설명한다.

《고기》에서는 '일십이변색日十二變色(태양은 열두 번 색이 바뀐다)'이라 한다.

해는 하루동안 일광(기氣)의 강도가 12가지로 나뉘게 된다는 뜻이다. 이를 음계로 읽으면《부도지浮屠志》에서 12음률이 된다. 소리가 점차 커지는 6개 음을 육률六律이라, 소리가 점차 약해지는 음을 육려六呂라 한다. 소위 '율동정려律動呂靜'는 바른말이 아니다. 이렇게 빛의 진행을 12개 성질(시간)로 파악할 수 있는 때는 춘분이다. 춘분점에서 24시간이 정확히 양분되는 것을 측정할 수 있기 때문이라 한다.

석가는 이 시간의 체험을 최후의 깨달음이라고 말하고 이를 12연기緣起라 하였다.

《자전字典》에서 궤 속에 태양과 북두칠성이 들어있다고 하였다.

궤짝은 궤도에서 신묘한 움직임을 간직하고 있다.

중국 역사가 안사고顔師古(581-645)는《한서漢書》〈소제기昭帝記〉에서 궤匱를 공空이라 하였다.

공空은 지구 자전과 공전의 도度를 말한다.

그리고 어산은 궤匱에 대하여 상세히 말한다.

궤는 그릇이니 궤짝이다.

여기서 무궤화를 궤짝이 없어진다고 해석하면 곤란하다. 무가 없다라는 뜻이 아니기 때문이다. 무궤는 지구의 궤도. 무괘는 하늘의 자율신경이다.

지구가 자전하며 공전하는 놀이터를 마고 십자궤(무궤無匱)라 말할 수 있다. 지구가 금성과 60도 각도로 교차하며 새끼줄처럼 괴이한 궤도를 그린다는 것에 착안한 것이다.
　어산 박용숙은 《고기》에서 다음 문장을 인용한다.

　　　'一積而陰立　　　하나를 쌓아서 음을 세우고
　　　十鉅而陽作　　　열 개로 크게 부풀려서 양을 만들면
　　　無匱而衷生焉　　없어진 궤짝 속에 살아나고
　　　鳳凰聚棲　　　　봉황이 모여든다.'

어산 박용숙은 이 풀이를 인정하지 않고, 다음과 같이 설명하였다.

　　　'一積而陰立　　　하나를 쌓아 1개월[月曆]을 만들고,
　　　十鉅而陽作　　　열 개씩[十進法] 계산하여 일 년이 되면,
　　　無匱而衷生焉　　지구의 궤도가 안팎[內外]이 뒤바뀌면서
　　　鳳凰聚棲　　　　봉황이 모여든다.'

　어산 박용숙은 여기에서 衷生충생을 '속[內]이 산다(없어진 궤짝 속에 살아나고)'라고 풀어서는 안 된다고 한다. 이는 지구 궤도가 삼새끼줄 같은 뫼비우스띠처럼 안팎이 서로 꼬이면서 뒤바뀐다는 뜻이라는 이야기이다. 봉황이 모여든다는 말은 춘분 때 봉황새가 날아와 소나무나 두메산골에 세워진 셈대(Hill stone)같은 솟대에 앉는다는 말이라고 한다.
　이 이야기를 참고하면, 대구大邱 팔공산八公山 동화사桐華寺 봉서루鳳棲樓가 떠오른다.
　신라 소지왕炤智王15년(493년)에 극달화상이 창건한 유가사瑜伽寺를 흥덕왕興德王7년(832년) 심지대사가 중창할 때, 오동나무꽃이 한겨울에 상서롭게 피웠다고 하여 동화사桐華寺라 하였다고 한다.
　그런데 가장 중요한 오동나무에 내려앉은 봉황에 대한 설명을 빼먹었다는

것이다.

그렇다면 그 옛날 극달화상(생몰년 미상)의 유가사에 봉황의 참된 의미가 서려있었지 않았을까.

어산 박용숙은 '봉황이 모여든다(鳳凰聚棲)'를 춘분 때 봉황새가 날아와 소나무나 두메산골에 세워진 솟대에 앉는다는 말이라 하였다. 즉 봉서루는 극달화상이 있었을 때도 존재하였고, 동화사라는 이름은 극달화상으로부터 한참 후에 심지대사가 봉서루를 감안하여 마음대로 지었다는 이야기가 된다.

어산 박용숙은 말한다.

"《천부경》은 지구가 자전 공전한다는 말을 '일적십거一績十鋸'라고 쓴다. 글자 그대로라면 '하나를 쌓아서 열로 크게 불어난다'는 뜻으로 난해한 말이다. 《천부경》은 불교 이전 천문학 시대의 경전이다. 일적십거에 일一은 자전이고 십十은 공전으로 해석해야 한다."

어산 박용숙은 말하였다.

《천부경》은 불교 이전 천문학 시대 경전이다.

유가 경전과 도가 전적으로 《천부경》을 해석한다는 것은 그리 합리적이지는 않다는 것이다. 일一은 자전이고, 십十은 공전이라는 천문학적 접근이 설득력을 갖게 된다는 것이다. 지구가 시계 반대 방향으로 자전하며 공전할 때, 새벽별은 시계방향으로 휘휘 돌면서 다가온다는 것에 착안한 것이다.

개밥바라기 금성은 회오리바람인 선풍旋風을 몰고 온다.

지구가 자전과 공전을 할 때 개밥바라기별인 금성은 지구에 다가와 궤도에 간섭한다.

하나가 쌓여서 10으로 커진다는 말은 24시간과 24계절 이치를 말하며, 이때 지구 궤도가 타원형(방축)으로 휘기 때문에 이러한 지구 움직임이 있다는 것이다.

> 三, 天二三, 地二三, 人二三
> 하지와 동지와 춘추분의 세 자리가

《천부경》에서 어려운 부분이다.

어산 박용숙은 천天은 양陽으로 하지夏至, 지地는 음陰으로 동지冬至, 인人은 양성兩性인 무無이기에 춘추분春秋分이라 한다. 여기에서 천지인을 하늘과 땅 그리고 사람으로만 풀이하면 《천부경》의 문은 절대로 열리지 않는다고 어산은 말한다.

천天	양陽	하지夏至
지地	음陰	동지冬至
인人	양성兩性	춘추분春秋分

중요한 이야기이다.

어산 박용숙은 '天二三, 地二三, 人二三'을 하지와 동지 그리고 춘추분의 세 자리라 한다.

이는 태양이 지나는 위도 35도 황금벨트에서 일어나는 지구 자전과 공전에서 자연 현상을 《천부경》에서는 '천이삼天二三, 지이삼地二三, 인이삼人二三'이라 정의하였다는 이야기이다. 다시 말해서 사계절이 분명한 지구에서 천문학 용어라는 것이다.

즉 사계절 발생 요인을 모르면 《천부경》을 이해할 수 없다는 이야기도 된다.

어산 박용숙은 《천부경》에서 가장 난해한 곳을 특정하여 '인이삼人二三'이라고 하였다.

천이삼天二三은 봄여름 축에서 하지 밤낮 길이가 2:3이 되고, 지이삼地二三

은 가을겨울 축에서 동지 밤낮 길이가 3:2가 됨을 말한다. 인이삼人二三은 동지점에서 지구와 태양의 거리 비례가 3이고 하지점에서는 거리의 비례가 2가 된다는 것을 말한다고 하였다.

결국 지구 사계절을 황금비례에 근거하여 말한 셈이다.

그런데 어산은 스스로 '천이삼天二三'에서 '이二'와 '삼三'이라는 두 개 수를 잘 알지 못한다고 하였다. 학자로서 바른 자세일 것이다. 이 부분에서 어산은 많은 고민을 하였을 것이다.

이二와 삼三을 합치면 오五이다.

누구나 언급하는 음양오행에서 오五이다.

3:2나 2:3 비례라 할 수 있는 '인이삼人二三'은 무엇인가.

天一一地一二人一三
天二三地二三人二三

이 두 분절을 이해하지 못하면, 《천부경》은 풀리지 않는다고 한다.

어산 박용숙도 이 대목에서 반신반의한다.

"그래도 과제는 남는다. 이삼二三이라는 두 개의 수가 무슨 뜻인지 알지 못하기 때문이다. 이 수는 게마트리아 문서에서도 난제에 속한다 … 인人은 지구의 자전축으로 그곳에서 빛과 그림자가 자리바꿈하거나 한 순간 사라지는 X十의 의미가 된다. 빛과 그림자의 대항적인 비례가 소멸된다는 뜻이다. 그렇다면 그곳에서 어떻게 3:2의 비례가 성립되는가? 이것이 난문이다."

천지인이면, 첫 번째가 하늘, 두 번째가 땅 그리고 세 번째가 사람이다.

위에 인용된 두 문장에서 공히 두 번째 숫자는 '일一, 일一, 일一'과 '이二, 이二, 이二'이다. 그리고 다음인 아래 문장에서 마지막 숫자는 모두가 '삼三,

삼三, 삼三'이다.

공연한 이야기 같지만, 흥미로우면서 재미있는 배열이 아닐 수 없다. 그것을 정리하면 아래와 같다.

일一,	일一,	일一
이二,	이二,	이二
삼三,	삼三,	삼三

복잡해 보이지만, 일一, 이二, 삼三의 구조이다.

이 얼개에서 《천부경》은 무엇을 말하는가, 그것이 관건이라는 것이다.

《천부경》에서 '인人'이 세 번 나온다.

그렇다면 《천부경》에서 '인人'은 어떻게 성격이 변하고 있을까.

우선 '天一一地一二人一三'과 '天二三地二三人二三'에서 '인人'은 의미가 같을 수 없다.

'일一'과 '이二'는 다르기 때문이다.

만에 하나 천부경81자 가운데서 '천이삼지이삼인이삼天二三地二三人二三'에서 '이二', '이二', '이二'가 묘수妙手 같은 중용中庸의 작용을 하고 있다는 것을 간과하고 있다면, 그것은 어설픈 일이 아닌가. 혹여 만물의 영장이며 소중한 '사람'이니까, 그것을 강조하기 위해서 반복적인 사용이라고 주장한다면, 《천부경》 해석은 그야말로 일모도원日暮途遠 갈 길이 먼 셈이다.

어산 박용숙은 '인일삼人一三'과 '인이삼人二三'을 다음과 같이 설명하였다.

> "《천부경》81자가 《인부경》이 되면 '천일일天一一, 지일이地一二, 인일삼人一三'은 정자와 난자와 그리고 이 두 우주 원소의 갈등을 중화시키는 절충의 에너지가 자궁에 있다는 뜻이다. 이 말은 자궁 자체가 충기沖氣로 충만해 있음을 말한다. 《천부경》의 수 1은 정자이고 2가 난자이고 3이 충기이다. 아기가 자궁에서 자라서 밖으로 나와 열 살이 되면 몸통이 궤짝 모양으로 틀이 만들어진다(일적

십거一積十鉅, 무궤화無匱化). 그런 다음 그 틀 안에 자율신경의 둥지가 세 곳에 자리를 잡는다. 그 하나는 신체의 위에 달리는 얼굴이다. 얼굴이라는 말은 얼(영靈)의 둥지를 말한다. 또 아래쪽에 생식기를 두고, 그 둥지 중간에 심장을 놓는다.(삼三, 천이삼天二三, 지이삼地二三, 인이삼人二三)"

《천부경》과 《인부경》을 과감하게 뭉뚱그렸다.

궁여지책인지는 모르겠지만, 귀납적 사고이든 연역적 추리이든 바른길을 모색하는 것이 유연한 학문이다.

어산 박용숙은 이 길을 택한 것이다.

여기에서 가장 특징적인 것은, 바로 《천부경》 분절이다.

'일적십거무궤화삼一積十鉅無匱化三'이 아니라, '일적십거무궤화一積十鉅無匱化'라 한 것이다. 아기가 자궁에서 자라 밖으로 나와 열 살이 되면 몸통이 궤짝 모양으로 틀이 만들어진다고 하였다. 그리고 궤짝 모양인 몸통에는 얼굴과 심장 그리고 생식기인 자율신경이 제 자리를 잡는다고 하였다. 완벽한 재생再生을 말한 것이니, 이를 개성個性이라 할 수 있다고 하였다.

즉 '삼三, 천이삼天二三, 지이삼地二三, 인이삼人二三'이 그것이다.

결국 '삼三'이다.

전병훈의 해석을 보자.

"앞에서 개벽開闢을 말한 고로 '천일일天——'이라 하였다. 여기에서는 음양이 교구交媾하는 수數를 거론함으로 이삼二三이라 한다. 이二는 음수陰數이고, 삼三은 양수이며 천天의 수가 다섯이다. 천天 가운데 음과 양을 갖춘 까닭에 그렇게 말한 것이다. 공자孔子도 《주역周易》〈설괘전說卦傳〉에 "천은 삼으로 하고, 지는 이로 하여 숫자에 의지한다."라 하였는데, 이것은 대개 양수를 먼저 말한 까닭이다."

전병훈은 '천일일天——'을 개벽開闢으로 말한다.

'천이삼天二三'은 음양이 교구交媾하는 '수數'를 거론함으로 이삼二三이라 한다고 설명하였다.

개벽이라 하는데, 그렇다면 정작 중요한 사람(인人)은 천지 개벽과 무슨 상관인가. 천지개벽이 있으니, 사람은 그냥 그 개벽 이치만을 순종해야 한다는 논리이다.

사람의 위대함은 낳음(생生)이다.

다시 말해서 '천일일天——'의 생생과 '천이이天二二'의 성성이 만나 천지인이 완전한 생성체生成體되었다고 한다면, 논리적으로 타당하지 않을까 하는 이야기이다. 즉 완전한 개벽생開闢生을 말하고자 하는 것이다.

결국 '천일일天—— 지일이地—二 인일삼人—三'에서 하지와 동지와 춘추분 세 자리가 '천이삼天二三 지이삼地二三 인이삼人二三'에서 세 자리와 어떻게 다르냐가 《천부경》 해석에서 키워드라 할 수도 있다. 그렇다면 '天——地—二人—三'과 '天二三地二三人二三'에서 '인人'의 성격을 다르게 하는 결정적인 요인이 무엇인가 파악하는 것이 《천부경》에 대한 진정한 이해라고 할 수 있다.

어산 박용숙은 '천이삼天二三'에서 '이삼二三'을 인체에 비유하여 이렇게 설명한다.

> "인체는 세 개의 매우 중요한 구역으로 나뉘어져 있다. 얼굴(뇌), 심장, 신장(성기)이다. 이 세 구역은 자율신경이고 중성이며 인체의 자전축이다. 궁극적으로 이 셋은 조화를 이루어야 하고 또 그렇게 하고 있다."

얼굴에서 심장까지가 2라면, 심장에서 성기까지가 3이라는 것이다.

사람(人)의 '이삼二三'을 황금비黃金比로 규정하고, 이 비례는 지구 자전과 공전의 원활한 궤도이며, 인체에서는 중성으로서 원만한 조화를 이루는 자전축이라 하는 것이다.

다시 말해서 음도 아닌 양도 아닌 중성 비례가 2:3이라 하는 것이다.

인체 신비는 지구 자전과 공전과도 같은 맥락이며, 2:3의 비례를 이해하지 못하면 인문학이나 천문학을 이해하는데 장애가 될 수밖에 없다는 것이다.

"2:3을 황금비례라고 했고 이 비례가 신의 자율성이라고 했다. 똑같은 원리가 인체에서 재생된다. 《태극도설》의 저자인 주자는 2:3 황금비례를 '음양오행'이라고 말하고 이 말의 뜻을 묘수妙手라고 했다. '묘한 손 모양의 뜻은 이렇다. 다섯 개의 손가락에서 중지中指가 주인이 되면 양쪽의 두 손가락은 하인이 된다. 이런 상황에서 주인인 중지가 양쪽을 공평하게 다스리기 위해서는 어느 한쪽으로 움직여서는 안 된다. 공평함을 유지하기 위해서는 시계추처럼 부단히 양쪽으로 오고 가야 한다. 이 중지의 시계추 운동이 양쪽에서 공히 3:2 황금비례를 만든다. 이것이 주자가 말하는 묘수이다. 이 묘수를 불상의 전륜법인轉輪法印이라고 했다."

《천부경》에서 '인이삼人二三'에 대한 어산의 설명이다.

새로운 경개傾蓋이다.

묘한 손 모양인 '묘수妙手'를 '인이삼人二三'에 대입시켰다. 3:2든 2:3은 황금비례로, 다섯 손가락에서 중지中指의 역할이라는 것이다. 장삼이사는 엄지가 으뜸이라 알고 있었지만, 중지中指의 중용重用을 파악하는 즐거움을 어산이 전한다.

아무튼 어산 《천부경》에서 '삼三, 천이삼지이삼인이삼天二三地二三人二三'을 하지와 동지 그리고 춘추분의 세 자리라는 해석은 독창적이지만, 그래도 이 이론에 근거하여 《천부경》을 명쾌하게 이해하는데 있어서는, 어렵기도 하고 누구나 쉽게 접근할 수 없는 난제라고 말하고 싶다.

> 大三合, 六生七八九運
> 크게 합치면 북극에서 신령神靈이 내리고, 북극성이 인솔하는 지구는 자전 공전의 운행을 하게 된다.

우선 전병훈의 해석이다.

"인人과 천지天地는 품부 받은 바가 같다. 그러한 까닭으로 여기에 와서 '대삼합육大三合六'이라 말한 것이니, 곧 삼양三陽과 육음六陰이 서로 합함으로 그렇게 말한 것이다. 삼재三才가 서로 만나서 생성 변화하는 이치의 수數를 이룸이 이와 같이 명백한 것이다. 대체로 건乾과 곤坤이 일 년에 한 번씩 서로 만나고, 해와 달은 한 달에 한 번씩 서로 만나니, 먼저 있는 바는 기화氣化이고 사람을 낳으며 계속해서 형화形化로써 생에 생을 거듭하여 다함이 없다. 그러한즉 세계인들의 삶이 비록 그 지역은 다르다하여도 고루 평등한 동포라는 것이 분명한 것이다.

삼재가 서로 만나 감육坎六의 수水가 생겼고, 또 수水는 동팔東八의 목木을 낳고, 목木은 남칠南七의 화火를 낳고, 화火는 중앙의 토土를 낳았으며, 토土는 서구西九의 금金을 낳았다. 사상四象과 오행五行의 만물을 낳는 도가 완전히 성립되고 리기理氣가 세워져, 오직 사람의 오장五臟에만 온전하게 갖추어져 있다. - 신장腎臟의 수水는 지智가 되고, 심장心臟의 화火는 예禮가 되는데 아래에서 상세히 설명한다. - 이것은 하도河圖나 낙서洛書와 함께 오행五行의 순행과 역행의 순서도 그 작용이 동일하다."

도교道敎 단학丹學에 심취하였던 전병훈은 '대삼합육생大三合六生'을 삼양三陽과 육음六陰이 합합이라 하였다. 그리고 사상과 오행의 만물을 낳는 도가 완전히 성립되고 리기理氣가 세워져, 오직 사람 오장에만 온전하게 갖추어져 있다고 한다. 신장腎臟 수水는 지智가 되고, 심장心臟 화火는 예禮가 된다고 설명하였다.

    예외 없이 전병훈은 〈하도〉나 〈낙서〉와 함께 오행의 순행과 역행에 근거하였다.

    〈하도〉나 〈낙서〉 수리를 찬찬히 살피면 이 해설을 이해 못 할 바는 아니다. 그러나 이 내용을 보면 《인부경》 한 구절만을 보는 것 같아 바로 연결이 안 된다. 이 설명보다는 오히려 누구에게나 익숙한 '대삼합大三合, 육생칠팔구六生七八九運' 본문이 먼저 떠오른다.

    아쉽게도 설명이 본문보다 더 어려워졌다는 것이다.

    어산 박용숙의 설명을 보겠다.

大三合

삼三은 숫자의 셋이고, 대大는 게마트리어로 별자리이다.

'대삼합大三合'은 태양과 달 그리고 금성이 합쳤다는 말이다.

세 개 다리를 가진 삼족오三足烏는 해와 쪽달과 금성이 한 무대에 등장하는 모양새를 상징한다는 것이다. 《산해경山海經》의 숨겨진 전설은 지동설과 천동설 두 이데올로기가 전쟁한 상황을 신화로 전하는 것이라고 하였다.

어산 박용숙은 대大를 게마트리어로 별자리라 하였다.

다시 말해서 '天一一地一二人一三'과 '天二三地二三人二三'에서 생성을 거쳐 천지인이 온전한 자리를 잡은 것을 '대大'로 상징하였다는 것이다. 비로소 태양과 달 그리고 금성이 원융圓融의 운동을 한다는 설명일 것이다.

해와 달과 금성이 원만하게 크게 합쳤으니, 북극에서 신령이 내린다는 것이 그것이다.

六生七八九運

육생六生에서 육六은 좀생이혼이 숨어 있는 묘성昴星이니, 육생六生은 좀생이혼이 내린다는 뜻이라 한다.

어산 박용숙은 '대삼합大三合'에서야 좀생이혼이 내릴 수 있다고 강조하는 것이다.

《천부경》에서 '대大'를 닮은 '六6'은 '묘성昴星'을 뜻한다.

좀생이혼을 묘성에서 금성으로, 다시 금성에서 북두칠성으로 전하면, 북두칠성에서 인간에게 간다고 한다. 그리고 인간이 죽으면 북두칠성을 통하여 다시 묘성으로 돌아간다고 믿었다는 이야기는 그리스 철인 플라톤과 세계신화에 자주 나타나는 줄거리라 한다.

다른 이야기로 《천부경》 중앙에 있는 글자인 '육생六生'은 '육성六星(묘성昴星)'이 나타난다는 뜻이다.

계수桂樹나무 아래 달토끼 전설은 페르시아Persia가 본고장이라 한다.

패권의 잔혹한 역사는 달력[月曆]의 본령을 숨기고 있어서, 페르시아가 수메르·바빌로니아 시대 금성력을 이어받았다는 사실을 소상히 밝히지 않았다고 한다. 그들이 전하는 자료에는 묘성(플레이아데스)인 토끼[卯]가 태양의 씨를 달로 가져가서 계수나무 아래에 있는 방통에 넣고 긴 막대로 밝음과 어두움이 잘 섞이게 휘젓는다고 한다고 하였다.

우리는 옥토끼가 달나라에서 방아를 찧는다고 알고 있지만, 이란 신화에는 토끼가 긴 장대로 젖는다고 하였다. 방짜그릇을 만들기 위해 구리와 아연 그리고 주석으로 섞듯이 휘휘 젓는다는 것이다.

이러한 옛날이야기는 좀생이혼을 맞이하는 의식을 말하는 것이다.

어산 박용숙 설명은 더욱 심도있게 이어진다.

"삼태三台는 해와 쪽달과 새벽별이며, 육성六星은 묘성昴星이다.
플레이아데스는 황소자리이며, 북두칠성과 함께 춘분 때 새벽하늘에 보이는 별무리이다. 우후牛後라 하는데, 묘성이 황소자리 뒤에서 보이기 때문이다.

《자전字典》에서는 묘성을 좀생이혼이라 하고 이를 묘령昴靈이라고도 한다. 묘성의 정精이 귀한 사람으로 태어난다.

인디언들은 6을 창조의 에너지를 가리키는 기호로 사용하였으며, 영혼의 종자(embryo)로 숭상하였다. 그들은 종자의 모양이 육각형이며 크리스털로 만들어졌다고 믿는다. 그리고 이 종자가 인간의 자궁을 통해 아이로 태어난다고 여긴다.

인디어에서는 목자牧者를 Go라 하였다.

양羊은 태양이 하늘에 잠시 정지되어 머무는 그 시간을 가장 좋아한다. 낮과 밤의 길이가 똑같아지는 춘분은 빛과 어둠이 같아지는 시기이다. 선과 악의 갈등이 사라지기 때문에 양羊의 문자에서 선善이 나온다는 것이다."

토끼와 황소와 양.

신화에서 빠질 수 없는 동물이다.

그런데 그보다 이 동물들이 천문학과 관련된 것이 중요하다는 어산의 주장이다.

그리고 여기에서 좀먹는 좀생이가 빠질 수 없다는 것이다.

모두가 춘추분과 관계가 있고, 특히 춘분날 불의 씨앗인 좀생이혼이 하늘에서 온다고 믿었기 때문이라는 것이다.

인디언이 말하는 6에서 영혼의 종자를 말할 수 있다고도 한다.

육생六生에서야 '칠팔구七八九'가 제 자리를 찾았다는 말이다.

거북이 등껍데기 육각六角의 문양도 이와 연관관계가 있다는 것이다.

때문에 제왕의 비석을 세울 때는 반드시 거북이 등 껍데기인 귀부龜趺에다가 올려놓는다.

지구와 달 그리고 금성이 크게 합치는 대삼합이면 북극에서 신령인 좀생이혼이 내려오고, 북극성이 인솔하는 지구는 자전 공전의 운행을 하면서, 그 신령을 신나서 영접한다는 것이다.

> 三四成環, 五七一妙衍
> 금성과 지구가 가까이 교차하면 지구의 자전축과 태양(흑점)과 북극성의 위상이 묘하게 설정된다.
> 지구의 궤도는 타원형이지만, 태양은 궤도의 정중앙에 놓이지 않는다는 것을 말한다.

어산 박용숙은 발해 대야발 주장에 근거하여 《천부경》에서 '삼사성환三四成環, 오칠일묘연五七一妙衍'이 핵심이라 하였다. 때문에 《천부경》을 이 문장 중심으로 분절하였다고 말했다.

즉 양陽인 3三과 음陰인 4四의 수로 나타나는 것은 바로 금성과 지구의 만남이라는 것이다. 금성이 다가오면 약속한 듯이 지구와 태양 그리고 북극성이 자리를 다시 잡는다는 이야기다. 즉 '삼三'은 금성, '사四'는 지구, '오五'는 지구의 자전축, '7七'은 북두칠성 그리고 '일一'은 태양이라 하였다. 그리고 사람의 눈은 태양, 귀는 달, 코는 금성, 입은 사계절이 있는 지구이다. 얼굴의 이목구비 수를 합치면 7이 되므로, 사람이 북두칠성을 묘견妙見한다는 의미와도 통한다고 말한다.

'삼사성환'은 금성과 지구 교차이고, '오칠일묘연'은 그 교차가 만들어내는 3:4 신성비례라는 것이다.

어산 박용숙은 피라고라스 직각삼각형의 이야기를 거론한다.

> "밑변은 3, 세로 변은 4가 되게 한 다음 두 기둥의 끝을 연결하여 5를 연결하여 5를 얻는 일이다… 게마트리어로 보면 3은 금성이고 4는 사계절의 지구이고 5는 지구의 중심축을 의미한다. 따라서 3, 4, 5로 구성되는 도상은 수학이나 기하의 개념인 동시에 금성이 지구와 교차하면서 발생하는 미묘한 타원궤도의 움직임을 반영하고 있는 것이다."

지구 중심축인 5가 존재하면서 사계절 지구에서 금성이 춘분과 추분에 만나 묘한 궤도를 만든다는 이야기이다.

어산 박용숙은 석가는 최후의 깨달음을 얻고 7×7=49일재를 치렀다고 한다. 7과 7은 두 번의 북두칠성을 의미한다고 한다. 게마트리어로 해석하면 49의 4는 사계절이고, 9는 지구가 돈다는 뜻이다. 이것이 바로 화엄 세계라 한다. 석가가 최후에 도달한 해탈의 도가 지구의 자전과 공전이고, 이것이 곧 공空임을 재확인한 것이라는 주장이다.

《천부경》 '오칠일묘연'은 신의 자율성을 말하는 신성비례라며, 여기에서 '묘妙'는 신묘이니 그 뜻은 헤아릴 수 없는 대상이라 하였다.

묘妙는 오직 깨달은 자만이 볼 수 있는 그 어떤 것이라 하였다.

각자覺者의 본질을 천문학을 차용하여 말하는 것이다.

어산 박용숙은 대야발 천문개념을 인용하면서 횡축과 정축의 문제라 하였다.

지구가 23.5도로 기울어지는 하지와 동지는 황금비례가 성립되고, 춘추분 정축은 3:4의 비례를 요구한다. 태양이 궤도 중심에 있지 않고 하지점과는 3이 되고 동지점과는 4의 비례를 만들기 때문이다. 지구가 하지점에 도달하면 지구는 일 년 중에 가장 무더운 때가 되고, 동지점에 이르면 반대로 가장 추운 때가 된다. 양은 3이고, 음은 4이다. 정축에서 비례를 연상 여자와 연하 남자가 짝을 짓는 비례라고 말하는 이유이다.

《천부경》은 이 상황을 삼사성환일묘연三四成環一妙衍이라 기록하였다고 한다.

지구가 자전하면서 금성과 60도 각도로 교차하고, 지구궤도에 묘한 비례 상황이 생긴다는 뜻이라 이야기한다. 금성과 지구가 교차하면 지구 자전축과 태양과 북극성 위상이 묘하게 설정되는데, 지구궤도는 타원형이지만, 태양은 궤도 정중앙에 놓이지 않기 때문에 그러한 현상을 구체적으로 말하는 것이다.

천문학을 중시하는 어산《천부경》본질에 대한 이해이다.

> 萬往萬來, 用變不動本
> 지구의 자전 공전은 무한히 되풀이되면서 궤도에 이변이 생기기도 하지만, 본래의 틀은 그대로 유지된다.

전병훈 설명은 아래와 같다.

"이미 묘연을 이루고 참 나를 발견하여, 성선聖仙하면 신화神化하여 하늘과 하나로 합치되고, 만겁萬劫을 왕래해도 나는 그대로 자유자재할 것이다. 나의 양신陽神이 종횡이나 상하 어디를 가도 두루 미치지 못할 데가 없고 우주가 손 안에 있을 것이다. 날마다 사용하는 사람의 일에 이르기까지 만 가지 기틀이 왕래해도 비록 무궁할지라도 능히 주재자主宰者가 있는 것이다.

모든 일에 이 변화가 오니 내가 그 변화를 도와서 이용할 수 있으려면 마음의 저울이 필요하다. 저울은 사물의 경중을 저울질하는 것이며, 변화에 따라 마땅하게 바로잡을 수 있기 때문에 용변用變이라고 말한 것이다. 이것으로써 만물의 이치를 열어 사무事務를 완성하고, 백성을 사랑하여 이롭게 활용하며, 나라를 다스리고 세상을 구제할 수 있을 것이다. 그 어디를 가든 이 변화는 움직이지 않을 것이며 만 가지 변화를 주고받더라도 마음의 근본이 움직이지 않을 것이다. 그러므로 무위無爲의 정치가 이루어지고 지덕至德의 세상의 반드시 오게 될 것이니, 이는 겸성兼聖과 극철極哲이 아니면 그 누가 능히 할 수 있겠는가?"

전병철과 어산 박용숙의 풀이를 비교해 본다.
전병철은 묘연妙衍을 '참 나'라 하였다.
《천부경》을 수신제가치국평천하 교양서로 본 것이다.
그런데 어산은 이와 다르다.

어산 박용숙은 마고 십자가 바로 본本이라 하였다.

용변用變은 사분력四分曆 위치가 어떤 상황에서는 이변異變이 발생한다는 뜻이다.

지구 자전과 공전에 설령 엇박자가 생긴다고 하더라도, 마고 십자 축에는 큰 변화가 없다는 뜻이라고 하였다. 어떤 혼돈에서도 마고 십자는 본령을 잃지 않는다고 하였다. 본本이라 하는 마고 십자는 흔들림이 없다며, 마고 본령을 거론하였다. 지구 자전과 공전은 무한히 되풀이되면서 궤도에 이변이 생기기도 하지만, 본래 틀은 변하지 않고 그대로 유지되는 것은 마고 십자를 본本으로 삼기 때문이라 한다.

어산이 맞고, 전병훈이 틀리다 할 수는 없다.
군맹상평을 진리 평가 잣대로 볼 수 없기 때문이다.
전병훈의 유가儒家와 도가道家에 근거한 해석을 많은 사람들이 따르고 익히려 할 것이다. 학문자유에서 마다할 이유는 없다. 다만 정확한 묘견妙見에서 일이관지一以貫之를 끝까지 누가 유지하는가 그것이 참된 길이다.

> 本心本太陽
> 사람의 심장이 있는 자리가 하늘에서 태양이 있는 자리이다.

어산 박용숙은 태양 자리가 심장과 일치한다고 한다.

천지인이 하나라는 관점일 수도 있다. 《천부경》이 추구하는 것은 《인부경》과 같은 사람의 위대함을 말하는 것이기도 하니, 충분히 가능한 이야기이다.

전병훈은 이렇게 말한다.

> "사람의 본심은 곧 태극 건금乾金이며, 태양의 신기神氣가 두뇌 속에 응결되어 영명靈明한 것이다. 그러나 상지上智인 겸성은 본래 스스로 이와 같으나, 오직 배우는 사람들은 또한 욕구로 인하여 도道에 들어가고 그 욕구를 제어하여 물욕의 어두움이 없게 되면 곧 심체心體가 밝아져서 근본으로 돌아가게 된다."

사람의 본심은 곧 태극 건금乾金이며, 태양의 신령스러운 기운이 두뇌 속에 응결되어 영명한 것이라 하였다. 전병훈은 '마음[心]'을 태양의 신기가 응결되어있는 두뇌라 하였다.

마음과 머리로 굳이 나눈 셈이다.

그런데 마음을 머리나 심장이 아닌 몸으로 할 수도 있을 것이다.

다시 말해 '사람인 몸이 태양이다'라는 해석이 가능할 수 있기 때문이다.

어산 박용숙은 황금비례를 말한다.

> "《천부경》의 무궤無匱도 사람의 인체비례와 통한다. 사람의 몸통 궤짝에도 황금비가 있고 지구의 궤도인 하늘 궤짝에도 황금비가 있다는 것이다. 도상학의 세계적 권위자인 파노프스키Erwin Panofsky(1892-1968)도 그리스의 히포크라테

스(기원전 460?-기원전 377?)와 플라톤의 금언집의 한 문장을 소개하면서 '비례 proposion'는 어떤 생물, 특히 인체 각 부분의 수학적 관계를 결정하는 체계'라고 했다. 인체 각 부분의 수학적 체계가 우주의 축소판이라는 것이다. 플라톤의 생각을 충실히 이어받은 스토아학파Stoics는 인체 내부의 기관器官을 특정한 행성이나 별자리에 적용한다. 이를테면 목성을 뇌, 수성을 신장에 배당하는 식이다."

몸통 궤짝 그리고 하늘 궤짝이 생소하게 들릴지 모른다.
다른 말로, 상자를 튼튼하게 만들려면 비례를 따져서 조립하여야 한다는 것이다. 인체는 하늘을 닮아서 같은 원리를 따르는데, 그 기준에는 황금비례가 존재한다는 것이다. 수학적數學的에서 '수數'가 바로 천문학의 핵심이며, 그 수의 비례가 바로 인체구조에서도 확인할 수 있다는 뜻이다.
때문에 어산은 《천부경》에서 '본심본태양本心本太陽'을 인체 황금비례에 근거하여, 태양이 있는 자리는 사람의 심장이 있는 자리와 같다고 하는 것이다.

> 昻明人中天地一
> 춘분 때 그 태양을 올려다보면 남남이던 빛(선善)과 그림자(악惡)가 하나가 된다.
> 무극無極을 이룬다.

빛과 그림자가 하나 되어 구별이 없어진다.

어산 박용숙은 '밝음을 올려다보니 빛과 그림자가 한 덩어리가 된다'고 해석하면 무슨 소리인지 모른다고 한다. 즉 위대한 사람이 해와 달을 양쪽에 거느린 '무無'나 '천양지天兩地' 능력을 평가한 것이다.

즉 '량兩'에는 태양의 밝음과 달의 어둠을 나름 측량하여 균형을 이룬다는 것이다. 때문에 밝음인 선과 어두움인 악을 화해하여 무극으로 간다는 논지이다.

전병훈 설명이다.

> "도가 밝아지고 덕이 충만하여 마치 태양처럼 사사로움과 가리움이 없이 공명해지니, 그 밝음이 우주를 비추고 그 만 가지 변화를 조성하여 천지와 더불어 동참하게 될 것이다.
> 하늘과 땅의 가운데가 열리고 사람이 그 가운데 자리를 잡아 참여하기 때문에 삼재三才가 된다. 이른바 사람이란 천지의 마음으로써 만물이 모두 나에게 갖추어져 있다는 것이다. 이것은 사람이 중화中和의 극진한 공을 이루어 천지가 서게 되고 만물이 화육되며, 천지와 더불어 덕을 합하니 진실로 천지는 대아大我이며, 참 나는 곧 태극의 한 분자인 소아小我인 것이다. 이와 같이 자기를 완성하는 자는 능히 천지의 가운데에 서게 된다."

전병훈의 사람이 중화中和의 극진한 공을 이루어 천지가 서게 되고 만물이 화육되며, 천지와 더불어 덕을 합하니 진실로 천지는 대아大我이며, 참 나는 곧 태극의 한 분자인 소아小我인 것이라는 공연한 논지는 유가 경전에서 많이 들은 익숙한 내용이다.

어산 박용숙은 중화中和의 양陽과 음陰이 균형을 이루는 한 해 최고 계절인 춘분 때, 태양을 올려다보면 모든 것이 평화롭게 보인다고 한다. 때문에 남남처럼 만나지 못하는 빛과 그림자도 하나가 되니 악이니 선이니 할 것도 없는 무극無極을 이룬다고 설명하는 것이다.

지구 자전과 공전 그리고 금성 자전으로 인한 춘분과 추분이 생기는 이 땅에서는 음陰과 양陽의 균형인 중화中和가 온다는 것이다. 춘분 때 그 태양을 올려다보면 남남이던 빛(선善)과 그림자(악惡)가 하나가 된다.

무극無極을 이룬다는 것이 그것이다.

> ―終無終―
> 끝나는 것이 뒤집혀서 다시 이어진다.

《주역周易》 마지막 괘는 '미제未濟'이다.

가는 곳이 어디인지는 모르지만, 아직 건너지 않았다는 것이다.

홍익인간의 위대한 정신은 함께 건넌다는 공제共濟라 한다.

우주에서 처음이나 마지막은 우리가 생각도 없이 사용하는 한낱 관형어일 뿐이다. 하루가 끝나면 다시 하루가 오듯 인간사나 세간사에도 마지막이나 시작은 없다. 우주는 광막하기 때문이다.

해와 달과 금성이 만나서 위대한 사람(人)이 탄생하는데, 그 위대한 사람은 우주의 현묘함에서도 모든 백성을 이끌고 간다는 논리이다.

어산 박용숙은 아래와 같은 이야기를 한다.

"요가Yoga는 산스크리트어로 결합한다는 유즈Yuj에서 유래하였다.

사문沙門이라는 말은 산스크리트로 쉬라마나Sramana 빨리어로 사마나Samana의 음역으로 요가瑜伽 행자行者의 뜻이다.

인도에서는 육파철학六派哲學 모두가 그 실천방법으로 요가를 수련하였다. 약 5,000년 전의 유물로 추정되는 시바 신상에서 요가의 기본자세인 결과부좌結跏趺坐를 볼 수 있으며, 기원전 1,000년경에 성립된 바가바드기타Bhagavadgita에는 요가의 종류와 실천방법이 적혀 있고, 인도에서 요가의 기원은 6,000-7,000년 전의 인더스문명 시대까지 올라가며, 그 수행방법은 인도 아리안 종교에도 영향을 주었다.

수련과정을 통해서 심신의 평형으로 모든 대상에서 벗어나 무조건 무대립이 되어 완전자유 대우주의 본성을 깨닫게 되는 견성, 즉 최후의 목표인 8단계인 사마디Samadhi 삼매三昧에 도달하게 되는데, 이 경지는 소우주인 내가 대우주인 자연과 하나로 통일되는 신아일치경神我一致境이다."

인문人文의 본령이라는 요가 기본자세 결과부좌에서 어산은 '좌坐'를 강조한다.

과장하여 지구에 올라타서는 편안히 결가부좌한 성인은 다름 아닌 사람(인人)이라는 것이다.

그리고 독일 보헤미안 니체Nietzsche(1844-190)가 지금 아제르바이잔 바쿠의 짜라투스투라가 거론한 '좌坐'의 본질을 통찰하였다는 것이다.

어산 박용숙은 그 '좌坐'를 이렇게 이야기한다.

"니체에게 지동설은 니힐리즘(허무주의)로 나타난다. 니체에 의하면 니힐리즘이란 '최고의 가치가 무가치無價値가 되는 것, 목적이 사라지는 것, 그리고 왜? 라는 물음에 해답이 없다는 사실을 깨닫는 일'이다. 그는 생존이란 의미도 목적도 없이 그냥 돌덩어리를 타고 어쩔 수 없이 빙빙 도는 영겁의 회피일 뿐이라고 탄식한다. 그는 한 친구 페터 카스트Feter Gast에게 보낸 편지에서 이렇게 말한다.

홀로 산책하면서 울기도 합니다. 하지만 그건 센티멘탈한 눈물이 아니고 환희의 눈물을 흘리는 것입니다. 그럴 때 나는 모든 인간보다 앞서 경험한 그 어떤 상태에 몸과 마음을 싣고 노래하고 바보처럼 주절대는 것입니다.

니체의 니힐리즘은 빛과 그림자가 선악의 이분법으로만 이해되었던 천동설의 인생관이 허물어진 충격에서 비롯된 것이다. 전후좌우가 있고 시작과 끝이 있었던 멈춰 있던 맷돌이 갑자기 다람쥐 쳇바퀴처럼 돈다는 사실에 니체는 뒤집어진다. 이것이 석가의 일승一乘이고, 니체에게는 니힐리즘이다. 불교는 '탄다'고 비유하지만, 니체는 '앉는다'고 비유한다."

신은 죽었다고 외친 니힐리스트 니체를 이렇게 말하는 모더니스트 어산이다.

니체에게 지동설은 니힐리즘인 허무주의虛無主義로 나타난다고 하였으니,

'허무虛無'에서 바로 '무無'를 니체는 말한다는 것이다. 이러한 로맨틱한 사상은 바로 모더니즘으로 다시 진정한 휴머니즘으로 연결된다는 것이다.

진정한 모더니스트이기에 어산은 니체 환희를 간파하였다.

'무無'와 '승乘'과 '좌坐'를 같은 의미로 보았기에 가능한 결론이다.

다른 말로 이야기하자면 니체는 오로지 유일한 하나가 아닌 1부터 10까지 결정結晶에서 환희를 느꼈다는 것이다.

어산 박용숙은 이야기한다.

> "양兩이라는 개념은 마법이 된다.
> 요가행자들은 두 방향이 서로 엇갈리는 모순의 호흡이 어떻게 서로 헤어지지 않고 이어지는지를 주천수행周天修行으로 깨닫는다.
> '행行'은 '아자방亞字房'의 '아亞'이다.
> 요가의 어원이 '잇는다' '결합하다'가 되는 이유이다. 이 '잇는다'가 바로 양兩이고 무無의 개념이다. 불교에서는 '과거 현재 미래가 하나이다(삼세일종무종일三世一終無終一)'라고 한다. 이 또한 천양지天兩地의 개념이다."

어쩌면 어산 박용숙 주장은 종교적으로 위험한 선을 넘었을 수도 있다. 그러나 어산은 이미 오래전부터 철저한 이방인이었다.

어쩌면 니체의 그 독설보다 더 심하다.

우선 '아亞'와 '양兩'이라는 문자를 보면, 모두가 정확한 좌우대칭 특징을 가지고 있는 구조이다. 그리고 '아亞'와 '무無'에서 《천부경》 의미를 찾아내지 못하면, 십년공부는 도로라 한다. 그리고 '일종무종일' 정신은 과거와 현재 그리고 미래에도 항상 이러한 궤도에서 지구는 시속 1,600km 구심력으로 꼬부랑 두멧길을 부지런히 도는 것과 같다는 것이다.

원심력과 구심력 조화로 태양 주위를 도는 지구 공전에서 삼태三台의 원만한 만남이 이루어지니, '아亞'와 '양兩'은 《천부경》에서 결정적인 키워드가 되어 '무無'의 혼돈을 끝낸다는 것이다.

"일시一始나 일종一終은 일직선을 가리키는 것으로 지구가 멈춰있다는 천동설 개념이다.
그러나 《천부경》에서는 양兩이 양쪽을 껴안은 것은 직선을 연결하여 원을 만든다는 뜻으로 지동설 개념이다.

원효元曉(617-686)는 어떤 사람의 장례식에서 일종무종일一終無終一을 이렇게 표현하였다.
나지마라
죽는 고통이다.
죽지 마라
나는 고통이다."

어산 박용숙의 '일종무종일一終無終一'이다.
유럽에서 사상 억압이었던 천동설을 부정하였기에, 사람들은 르네상스 시대가 도래하였다고 말하였다. 그러나 아직도 우리는 태양과 달이라 하지, 태양과 달 그리고 금성인 삼태성을 말하지 않는다.
아직도 지구의 진정한 르네상스는 진행형인 셈이다.
끝나는 것이 뒤집혀서 다시 이어지는 것은 하늘과 땅 그리고 인간사에서 분명한 이치일 것이다.
우리는 삼태극三太極의 나라 조선朝鮮의 홍익인간이다.

7

천부경天符經을 읽고 나서

7 천부경天符經을 읽고 나서

천년고도 경주에 가면, 가장 인상적인 것이 낮은 울타리이다.
위압적인 성벽은 허물어졌는지 어쨌는지는 몰라도, 유적지마다 아담한 담장이 정겹다.

신라(서기전57-935)는 신비한 나라이다.
천년 역사 국가이다.
그런데 유물발굴 연구 결과를 참고하면, 서기 300년 이후부터 신라에 관한 유물이 본격적으로 나타난다는 것이다. 적어도 300년, 역사의 공백인지는 몰라도 단절이 신라에 존재한다는 것이다.
신비한 나라, 신라는 아직도 공부할 것이 많다.

포석정.
경주시 배동胚洞, 남산 서쪽에 있는 석구石構로서 사적 제1호이다.
《삼국유사》〈처용랑處容郎 망해사조望海寺條〉에 헌강왕憲康王(875-885)이 이곳에 행차했을 때 남산신南山神이 나타나 춤추는 모습을 왕이 따라서 추었다고, 〈어무산신무御舞山神舞〉라는 춤이 만들어졌다고 기록되어 있으므로, 헌강왕 이전에 건립된 것으로 추정된다고 한다.
그런데 '무산신무舞山神舞'에 대하여 어느 누구도 그 성격을 밝히지는 않고

- 포석정 -

구렁이 담 넘어가듯이 하였다. 마치 옛날 전설 같은 이야기로 뭉뚱그렸다.

55대 경애왕景哀王(?-927)은 연회를 즐기다 후백제 군대에게 붙잡혔고, 견훤甄萱(867-936)은 경애왕에게 자살을 강요하여, 결국 일생을 마감하였다고 하는 야사野史 같은 비운의 장소라 한다.

그런데 소위 포석정鮑石亭이 전복을 닮았다고들 하는데, 누구나 한눈에 보아도 올챙이다. 1995년에 발견된 《화랑세기花郎世記》〈필사본〉에도 '포사' 또는 '포석사'에서 제사(사祀)를 뜻한다는 말이 나와, 국가에서 시행하는 제례를 성대히 모시는 사당 기능을 했다는 의견도 있다.

1999년, 유물 발굴작업 통하여 '포석'이란 글자가 새겨진 기와조각도 발견되었다고 한다. 기와에 새겨진 '포'는 '포鮑'가 아니라 '포砲'인데, 학자들은 '포鮑'를 약자화해 쓴 것으로 추정한다.

'약자화略字化'는 뜬금없이 무슨 말인가.

올챙이 닮은 형태를 엉뚱하게 전복껍질을 닮았다고 주장하는데, 전복류나 조개, 소라 등의 사용은 고대부터 세계적으로 그 사용이 빈번한 의식도구였다는 설명도 구차하면서 민망하다.

중국 동진 명필 왕희지王羲之(307-365)가 흥에 겨워 자주 열었던 '유상곡수流觴曲水'를 모방해 포석정을 만들었다고 하며, 물 위에 술잔을 띄워 술잔이 자기 앞에 오는 동안 시편을 읊어야 하며, 시를 짓지 못하면 벌로 술 3잔을 마시는 연회라 한다.

위대한 천년왕국을 구가하였던 신라가 무엇이 아쉬워, 한낮 먼 나라 왕희지 자취를 본받아 별궁別宮이라는 근엄한 이궁離宮에다가 그런 유흥장소를 공들여 만들었을까 말이다.

1973년 미추왕릉지구 계림로 14호분에서 빛을 본 찬란한 황금보검黃金寶劍.

여기에 올챙이가 삼태극으로 선명하다.

그런데 누구도 그 올챙이에 대하여 거론하지 못한다.

어산 박용숙은 이 올챙이를 말한다.

> "동판 중심에 삼태극이 대삼합이고 이를 둘러친 세 개의 둥근 올챙이가 천지인이다. 천지인이 대삼합을 이루면서 지구에 사계절이 생기고 생명이 탄생했음을 이야기하는 것으로 해석할 수 있다 … 사제가 잡는 권위의 심벌에는 지팡이(검파劍把)가 있다. 경주에서 발굴된 황금 검파에는 금성 이데올로기를 의미하는 세 개의 올챙이 그리고 세 개나 되는 태극마크가 새겨져 있다. 전 세계에서 유일한 삼태극의 황금 검파이다."

유럽 켈트족이 만든 '여신의 심벌'이라는 청동판과 경주에서 출토된 황금보검에 새겨진 올챙이를 설명하는 것이다. 다시 말해서 올챙이를 삼태극으로 말하여야 한다는 것이다.

소위 포석정이 올챙이를 닮은 것은 태극을 말하려 한 것이다.

올챙이 움직이는 모습을 회오리라 한다.

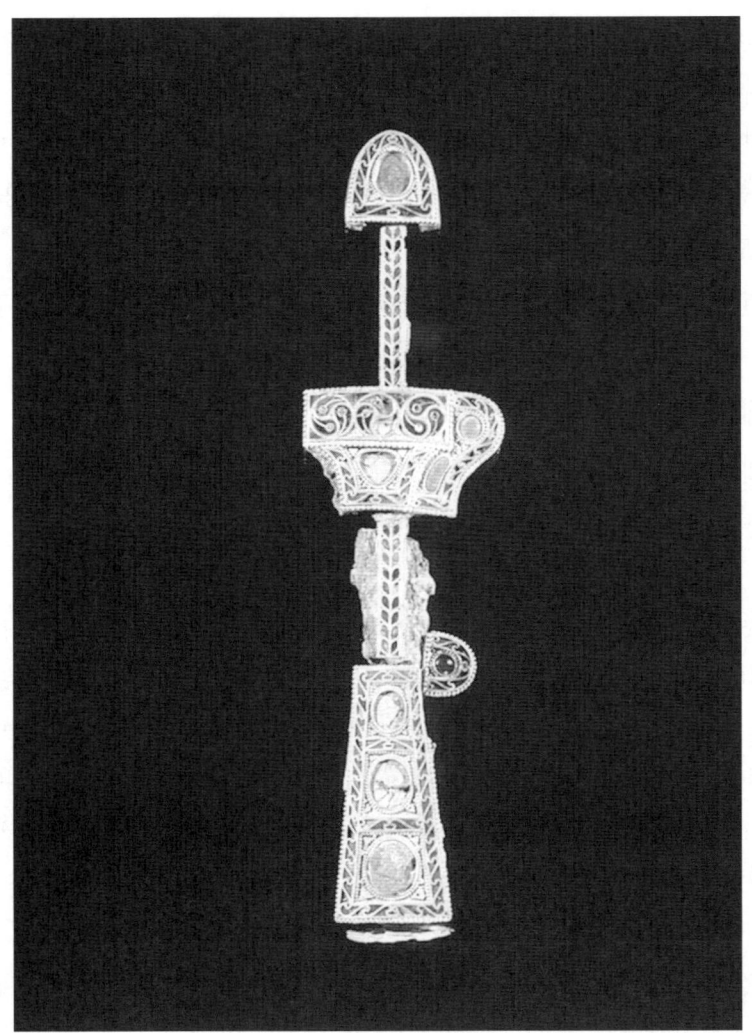

- 계림로에서 출토된 황금보검 -

어느 과학자가 이 회오리를 설명한다.

"포석정이 유체역학적으로 술잔이 사람 앞에서 맴돌도록 설계되었다는 점이다. 유상곡수에 술잔을 띄웠을 때 잔이 흘러가다가 어느 자리에서 맴돌게 할 수 있었던 것은 유체역학적으로 와류(渦流:회돌이) 현상이 생기도록 설계하였기 때문이다. 회돌이 현상이란 주 흐름에 반하는 회전 현상을 말하며 쉽게 말해 소용돌이 현상으로 생각할 수 있다."

왕희지 유상곡수연 술잔 흐름을 빌려다가 논리적으로 설명하였다.
아무리 생각해보아도, 소위 포석정은 한낮 그런 유흥장소가 아닐 것이다. 1995년에 발견된《화랑세기》필사본에 '포사' 또는 '포석사'는 제사를 뜻한다는 말이 나와, 사당 기능을 했다는 의견이 그것이다.
소위 포석정에서 '정자'의 '정亭'이라는 문자가 있기에 선비들이 한가하게 음풍농월하는 장소를 연상하는데, 이는 상식적인 역사 접근이 아니다. 아무리 급해도 그렇지 '별궁'을 '정亭'이라고 할 수는 없다는 이야기이다.
만에 하나 '포사砲祀'나 '포석사砲石祀'가 원래부터 있어 온 바른 명칭이라면 어찌할 것인가. 조선시대 좌묘우사左廟右社에 의한 사직단社稷壇이 바로 포사砲祀일 가능성이 농후하다는 것이다. 포사에서 왕이 친히 하늘에 제를 올릴 때 술을 올리는 근존謹尊의 신성한 행사장일 추론을 배제할 수 없다.
그리고 입수부 바로 옆에 우람한 느티나무.
어느 일 없는 호사가가 그 나무를 심어 놓았는지는 모르겠지만, 그것은 우리의 소중한 역사 포석사에 대한 심한 왜곡과 무례가 아닐까. 마치 교통량이 빈번한 광화문 사거리 한복판에다가 거대한 정자나무를 심어 놓은 모습이기에 말이다.
여기에서 대한민국 수도 서울 사직동에 있는 사직단에 대한 에세이가 참고 될까 하여 소개한다.

이를 소개하는 이유는 신라 유적 사적1호인 포석사에서도 사직단에서처럼 사직신에게 제를 올리는 의식이 있었을 것이라 생각되었기에 지면을 할애하였다.

사직단社稷壇

사계절이 분명하고, 햇살이 맑은 우리나라.

이 비옥한 땅에서 곡식을 풍성하게 가꾸며 살아온 조상들.

일찍이 이 대지에서 오래도록 공동체 마을을 형성할 수 있었던 것은 기후가 분명하고 먹을 양식이 풍부하였기 때문이다. 그래 하늘과 땅 그리고 곡식을 섬기는 것은 당연한 결과이다. 조상들은 지성으로 제천의식을 받들었다.

사직단社稷壇은 사적 제121호이다.

국가 체제를 갖춘 조선朝鮮은 좌묘우사左廟右社 제도에 따라 정궁正宮 경복궁景福宮 왼쪽에는 종묘宗廟를 오른쪽에는 사직단을 조성하였다. 토신土神을 모시는 곳을 사社, 직신稷神을 모시는 곳을 직稷이라 하였고, 국사단國社壇은 동쪽, 국직단國稷壇은 서쪽에 위치시켰다.

그런데 토지신을 모시는 곳을 왜 사社라 하였는지는 확실하지 않다.

《삼국사기》에 따르면, 391년 고구려 고국양왕故國壤王9년에 토지신만을 모시는 국사단을 세웠고, 783년 신라 선덕왕宣德王4년에 국사단과 국직단을 갖춘 사직단을 조성하였다고 전해진다.

991년 고려 성종成宗10년에는 각각 너비가 5장이고 높이가 3자 6치이며, 사방으로 섬돌을 내었고, 오방색 흙으로 조성하였다. 이런 신성한 의식은 고려를 거쳐 계속 이어졌다. 조선을 창업한 이성계李成桂는 신라와 고려 사직단을 참고하여, 사방 3층의 돌층계로 높이 3자 너비 24자 규모로 단을 만들어 조선팔도 흙을 채취하여 봉토封土로 쌓았다.

여기에서 오방색은 음양오행에 근거한 것이라 여겨지지만, 사방 3층의 돌층계로 단을 만들었다는 기록은 무엇을 본받은 것인가. 다시 말해서 고려 성종은 일단一段인데, 조선 이성계는 삼단三段으로 하였다는데, 그 까닭이 무엇인가는 구체적이지 않다.

결론적으로 사직단을 설명하기에는 부족하다.

게다가 신라 선덕왕 때 국직단과 사직단 규모를 정확히 알 수 없기 때문에 더욱 그렇다.

《춘추좌전春秋左傳》에 다음과 같은 기록이 있다.

"有列山氏之子曰柱, 爲稷, 自夏以上祀之.
열산씨 아들이 있어 주라 하였는데, 주를 농사의 직신으로 모셨고, 하나라 이전에는 주인 직신에게 제사를 지냈다."

열산씨는 염제炎帝 신농神農이며, 그 아들은 희화羲和이다. 희화를 주柱 또는 직稷이라 분명히 밝혔다. 역사적으로 하夏나라 이전 사람들은 직신인 희화를 지성으로 받들었다는 말이고, 오래전부터 직신에게 제사를 지냈다는 것을 알 수 있다. 그런데 하왕국夏王國부터는 왜 제사를 지내지 않았는가, 그 이유도 설명이 없어 알 수 없다.

우리나라 삼한시대에 다음과 같은 풍속이 있다고 전해진다.

"三韓古俗, 皆十月上日, 國中大會, 築圓壇而祭天, 祭地則方丘, 祭先則角木.
山像雄常, 皆其遺法也.

삼한 옛 풍속에, 모두 시월 십일이 되면, 나라에 커다란 모임이 있었는데, 둥근 단을 쌓고 하늘에 제사를 올렸고, 네모난 언덕은 땅에, 각목은 조상에 대한 제사였다. 산상웅상은, 모두 그 전해져 오는 법이다."

이러한 삼한 옛 풍속이 정확히 언제인지는 몰라도, 시월상달이 되면 온 나라가 하늘과 땅 그리고 조상에게 제를 올렸다.

둥근 언덕으로 제단을 하여서는 하늘에, 네모난 언덕으로 제단을 하여서는 땅에, 각진 나무로 위패 삼아서는 조상에게 예를 다하였다고 전한다. 이러한 일련의 행사 규모를 산상웅상山像雄常이라 하였다.

사실 이 산상웅상 대하여 여러 가지 학설이 있다.

산 모양山像의 이 웅상雄常은 무엇인가.

혹자는 이를 우주목宇宙木이라고 하는데, 그렇다면 그것은 무엇인가.

기록을 살피면, 웅상을 환웅桓雄의 조상彫像이라 한 《환단고기》를 참고할 수 있을 뿐이다.

1395년 태조太祖4년, 이성계는 직접 고양高陽 삼각산三角山 아래 사직단에 가서 단 쌓는 것을 참관하였다.

1407년 태종太宗6년 예조禮曹에서 임금에게 아뢴다.

"按《洪武禮制》, 俯州郡縣皆立社稷壇, 以春秋行祭, 至于庶民亦祭社. 乞依此制, 令開城留後司, 以下各道各官,皆立社稷壇行祭.

명나라 《홍무예제》에 따르면, 각부 군현에 사직단을 세우고, 봄가을로 제사를 모시는데, 일반 백성에 이르기까지 또한 제사를 올립니다. 말씀드리는데 이러한 제도에 따라서, 개성유후사는 물론, 조선팔도 고을에, 모두 사직단을 세우고 제사를 행하라 하십시오."

그렇다면 지금 사직단 구조와 절차는 명나라 예법을 따랐다고 볼 수 있다. 그러나 중요한 것은 명나라《홍무예제》가 전범이라 할 수는 없다는 것이다.

1414년 태종14년에는 사직단의 담장을 쌓고, 사직단을 전국적으로 축성하였다는《조선왕조실록朝鮮王朝實錄》기록이 있다.

- 석주 -

《세종실록世宗實錄 54권》에 '석주石主(돌 신주)'에 대한 설명이 있다.

　"《洪武禮制》府州縣祭祀儀式, 石主長二尺五寸, 方一尺, 埋於壇南正中, 去壇二尺五寸, 只露圓尖, 餘埋土中.
　《홍무예제》부주현 제사의식에 따르면, 석주 길이는 2자 5촌이고, 넓이는 1자인데, 단 남쪽 한가운데 묻어, 단과의 거리를 2자 5촌으로 하되, 다만 둥근 끝만 드러내 놓고서, 나머지는 흙 속에 묻는다."

명나라에서 시행하였던《홍무예제》를 참고하여 석주 길이는 2자 5촌이고 너비는 1자라 하였고, 둥근 끝만 드러내 놓고서 나머지는 흙 속에 묻는다고 기록하였다. 그리고 그 설명은 지금의 모습과 유사하다.

그런데《세종실록 128권》에는 석주 모습이 다르게 묘사되어 있다.

"石主長二尺五寸, 方一丈, 剡其上培其下半當壇上南階之上.
돌기둥 길이는 2자 5촌이고, 넓이는 1장이며, 그 위쪽은 뾰족하고, 그 아래쪽 반을 흙으로 북 돋우었으며 사직단 위 남쪽 섬돌 위에 마주하게 하였다."

이 기록을 보면, 석주 모습을 제대로 파악할 수 없다.

사단 남쪽 끝에 있는 석주石主, 길이가 75㎝인데 넓이가 3m라고 하면, 그 모습이 엉뚱하다. 방일장方一丈이 방일척方一尺의 잘못된 기록이 아닌가 여겨진다. 다만 여기에서 명나라《홍무예제》의 '둥글다(원圓)'가 '뾰족하다(염剡)'로 바뀌었다.

명나라와 조선 모두가 석주 모습에 대하여 정확한 기록을 가지고 있지 못하였다고 생각되는 부분이다.

여기에서 석주를 표현한 뾰족하다는 염剡의 해석이 반드시 필요하다.

다시 말해서 뾰족하다는 첨尖이라 표현하였을 터인데, 날카롭다는 염剡을 사용한 것도 그렇다.

조선에서 오직 도성인 한양 사직단 사단에만 존재하였던 석주.

돌로 만든 신주인 석주를 방첨方尖의 끝을 연상케 하는 뾰족하게 하였다는 것에 의문이 든다.

사단은 소위 토지이니, 토지에 씨앗 뿌리는 것을 상징하였을 것이고, 직단에서는 오곡이 풍성하게 열리는 것을 형상화한 것이다. 그렇다면 석주는 막연하지만 움이 트는 씨앗 모습일 것이며, 그 사단에서 씨앗이 싹을 틔우면, 직단에서 열매를 맺는다는 이치가 타당하기 때문이다.

현재 북경에 있는 명나라 사직단은 우리나라 모습과 사뭇 다르다.

"사직단은 1420년 명나라 영락18년에 지었다.《주례》의 '좌측에는 태묘, 우측에는 사직'이라는 국가경영의 정해진 제도에 따라 고궁 오문 밖 서쪽에 세웠는데, 명나라에서 현존하는 유일한 봉건제왕이 사직신에 제사를 드렸던 국가제단이다. 사는 땅신이고, 직은 곡식신이며, 제단은 정사각형이고 삼층으로 되어 있는데 청백석을 잘라 쌓았고, 높이는 96cm이며, 상층의 동쪽은 푸른색, 남쪽은 붉은색, 서쪽은 흰색, 북쪽은 검은색, 중앙에는 누런색인 다섯 가지로 제단에다 흙을 깔았으니, 속칭 '오색토'이며 '넓은 하늘 아래는, 왕의 땅이 아닌 곳이 없다'는 것을 상징한다. 제단 중앙에 '사주석'을 세웠는데, '강산석'이라고도 하니, 위는 뾰족하고 아래는 모나니, '강산은 영원히 평안하다'는 것을 뜻한다. 명청 양대 황제들이 매년 음력 2월과 8월에 이곳에서 사직에 제사를 지내는 의식을 거행하였으니, 오곡이 풍성하며, 나라가 태평하고 백성이 평안하기를 빌었다.

社稷壇建于明永樂18年(1420年). 按《周禮》"左祖右社"的營國定制建造于故宮午門之外西側, 是中國現存唯一的封建帝王祭祀社稷神的國家祭壇. 社, 爲土神, 稷, 爲穀神, 祭壇爲方正形, 三層, 靑白石砌築, 高0.96米, 上層按 東靑, 南紅, 西白, 北黑, 中黃鋪設五色壇土, 俗稱 "五色土" 象徵 "普天之下, 莫非王土." 壇臺中央立 "社主石" 亦稱 "江山石", 上銳下方 表示 "江山永固". 明淸兩大皇帝每年農力二月, 八月在此擧行祭祀社稷儀式. 祈求五穀豊登, 國泰民安."

명나라는 우리나라처럼 사직단을 사단과 직단 둘로 나누지 않았다. 원래 두 개였는데, 하나로 하였는지는 모른다. 또는 하나가 맞는지도 모른다. 중앙에 석주인 사주석社主石 또는 강산석江山石이 있다. 그리고 오색토를 깔아 방위를 구분하였고, 사방으로 담을 둘렀는데, 대리석으로 만든 네 개의 신문神門이 서있다.

참고로 우리나라 사직단에는 신문 대신 독특하면서도 우리 눈에 익은 소위 '홍살문[紅箭門]'이 8개가 존재한다.

명나라 신문과 조선 홍살문 모양새가 완연 다르다.

눈길을 끄는 것은 사주석 또는 강산석의 색다른 명칭이며, '위는 뾰족하고 아래는 네모나다[上銳下方]'는 석주의 표현이다. 말 그대로 방첨方尖의 형태라는 것인데, 무엇을 말하는지 구체적으로 확인할 수 없다.

종합하면 명나라와 조선의 석주 모습도 일치하지 않다는 것이다.

다만 염剡과 예銳의 날카롭거나 뾰족하다는 형상을 똑같이 주장하였다는 것이다.

그리고 석주石主인지 또는 석주石柱인지 그것도 분명하지 않다.

다만 삼한시대 풍속에서 각목角木을 참고할만하다.

삼한 옛 풍속에, 시월 십일이 되면, 나라에 커다란 의식이 있었는데, 둥근 단을 쌓고 하늘에 제사를 올렸다. 네모난 언덕은 땅, 각목은 조상을 대신한 위패와 같은 것이다.

삼한시대 사람들은 각진 나무로 위패를 삼아 조상을 상징하였다.

우선 각진 나무 모습이 네모인지 삼각인지 불분명하다.

다만 소위 원방각 도형을 숭상하였던 조상이라면, 네모 난 것보다는 삼각일 확률이 높다. 삼한 풍습에 의거한다면 원구圓丘는 하늘, 방구方丘는 토지, 각목角木은 조상에 대한 숭배이다. 그렇다면 염剡과 예銳는 삼각三角에서 근거하였다고 하는 것이 논리적이다.

사직단 내력에 있어 조선이나 명나라도 일관된 흐름을 찾아 볼 수 없다.

이러한 이론을 뒷받침하는 곳은 서울의 선잠단先蠶壇과 선농단先農壇이 대표적이다.

선잠단은 성북구 성북동에 위치한 사적 제83호이다.

왕비가 누에를 길러 명주를 생산하기 위하여 잠신蠶神으로 알려진 서릉씨西陵氏에게 매년 정월 초닷새에 제사를 모셨다. 이러한 행사는 삼한시대부터이며, 고려와 조선으로 이어졌다고 한다.

선잠단은 1908년(융희2년) 선농단 신위와 함께 사직단으로 모두 옮기고, 그 터만 남게 되었다고 전한다.

선농단은 동대문구 제기동에 위치한 사적 제436호이다.

농사를 처음 가르쳤다는 신농씨를 제사하고 후직씨를 배향하였던 곳이다. 신라를 거쳐 고려시대 983년 성종2년까지 왕이 몸소 밭을 갈며 신농과 후직을 기렸다. 조선왕조 1400년 정종2년 3월에 처음으로 매년 경칩驚蟄 후 해일亥日에 제사를 지냈고, 1475년 성종6년 관경대觀耕臺를 설치하고서 밭을 가는 친경親耕 의식을 거행하였다 한다.

선잠단과 선농단 유래를 살펴보자면, 누에신으로 알려진 소위 서릉씨와 농사를 가르친 신농씨와 소위 그의 아들이라는 소위 후직씨에 대한 역사적인 근거를 상세히 알 수는 없다. 참고로 후직后 중국 하나라를 이은 주나라 전설상의 시조로 알고 있다. 그런데 신농씨 아들은 직이 분명한데, 후직이라 하였다. 그리고 융희2년 신위를 사직단으로 옮겼다고 전한다.

앞에서 언급한 《춘추좌전》 이야기를 참고하면 열산씨烈山氏라 한 신농씨와 그의 아들 주柱인 직稷은 문헌상으로 존재하지만, 선잠단 '누에신[西陵氏]'에 대하여는 언급이 없다. 사직에서 직은 신농씨 아들이지만, 토지신을 대표하는 사의 출처가 불분명하다는 것이다. 부연하면, 《춘추좌전》으로는 사직단과 그리고 선잠단과 선농단을 정확히 설명할 수 없다는 것이다.

그렇다면 삼한시대와 고구려 고국양왕 때, 사단과 직단을 나누지 않고 하나의 단을 모셔 놓고 제천의식을 행한 것이 이치에 맞을 수도 있다는 막연한 추론이다. 다시 말해서 선잠단과 선농단을 합쳐서 단이 두 개 모셔져 있는 지금 사직단이 정확한 것인지, 그것에 대한 근거를 찾을 수 없기 때문이다. 우리나라 역사를 분석하면, 사직단과 선잠단 그리고 선농단의 관계는 별개로 여겨진다.

《세종실록 37권》 세종9년의 이야기이다.

> "季良日：檀君, 吾東方都祀也, 不妨.
> 上日：檀君統有三國, 予所未聞, 然則聚於京師, 共置一室祭之, 似可矣.
> 변계량이 아뢰기를 : 단군, 우리 동방에서 모두 제사를 지내니, 법도에 어긋나지 않습니다.
> 세종이 말씀하기를 : 단군이 삼국을 통합하였다고, 내가 들은 바는 없으나, 도성에 모아 한 제실에 같이 모셔 제를 지내는 것이, 어떻겠는가."

단군 존재를 놓고 왕과 신하의 의견이 확연히 다르다는 것이 이채롭다. 1783년 정조正朝7년에 편찬한 《사직서의궤社稷署儀軌》〈단유도설壇壝圖說〉이나 유의양柳義養《춘관통고春官通考》을 보면, 사직단 구조가 비교적 상세하다.

동쪽에는 사단 서쪽에는 직단을 쌓고, 사단의 국사정위토신國社正位土神과 직단의 국직정위곡신國稷正位穀神 위판은 북향하였다. 사단과 직단 북쪽에 예감瘞坎이 각각 있다. 그리고 사단 배위인 후토씨后土氏와 직단 배위인 후직씨后稷氏 위판은 동향하였다. 그런데 사단에 석주가 없다. 편찬자 실수인지, 확인할 방법이 없다.

각 단 넓이는 2장 5자이고 높이는 3자이며 사방에 3단 섬돌인 돌계단을 두었다. 단 외곽 제단 작은 '담'은 사방 25보 너비의 정사각형이고, 사방에 홍살문을 세웠다. 동북쪽에 신실神室이 있다. 그리고 외곽으로 큰 담을 쌓고서 다시 사방에 홍살문을 세웠으니, 내홍살문과 외홍살문으로 구성된 셈이다. 사직신만이 다니는 정문 북신문北神門인 홍살문은 삼문三門이며, 가운데 솟을 문은 삼지창처럼, 하늘에 휘날리는 깃발처럼, 불타오르는 횃불 같다. 임금도 사직단으로 들어갈 때는 북신문을 사용하지 못하고, 서문을 이용하였다.

사직단 신주는 병자호란 때 강화도로 옮겨지고, 임진왜란 때는 사직단을 불태우고 신주는 다시 피난길에 오른다.

숙종이 사직단을 복원한다.

그리고 1911년 일본인들은 사직단 대사大祀를 없애버리고, 신주를 불태워 버렸다.

1962년 도시계획에 따라 사직터널이 착공되었다. 사직단 앞으로 인왕산 물줄기가 흐르던 시냇물과 대문 양쪽으로 언덕이 있던 정경이 사라지고, 대문은 14m 뒤쪽으로 옮겨진다.

- 제정祭井 -

2015년, 사직단 전사청典祀廳 발굴조사에서 사직단의 신성한 제정祭井과 저구杵臼가 제 모습을 드러냈다. 그런데 저구에서 방앗공이인 저杵는 어디로 갔는지 정확한 모습을 확인할 수 없다. 일본인들은 인왕산 정기가 어린 석간수가 모인 신성한 우물을 놀이터로 만든다며 잡석을 채워 묻어버렸다.

주목할 것은, 삼한시대부터 거론된 산상웅상山像雄常은 무엇인가.

혹시 이것이 석주의 근원을 파악하는 형상과 근거일 수도 있기 때문이다.

산 모양을 한 웅상.

웅상이 정확히 어떤 형태인가는 확실하지 않다.

다만 전해져 오는 기록에는, 단군 신시 이래 세간에서는 가장 큰 나무를 택하여 환웅상으로 삼고 제사를 지냈다. 이 신단수를 웅상이라 하였다고 전해진다.

일부에서는 산상웅상이 남근목이라 주장한다. 다만 돌신주라는 석주石主가 원래는 돌기둥인 석주石柱였는지, 아니면 삼각나무로 만든 위패였는지, 아니면 남근상을 한 우뚝한 산 모양의 나무였는지는 더 많은 탐구가 있어야 할 것이다.

사직단에 대한 나의 생각이다.

특히 사직단의 그 석주石主는 항상 머리에서 환상이 되어 떠나지를 않는다.

그리스 델포이에서 발견된 지구 배꼽이라는 옴팔로스Omphalos를 빼다가 박았으니 말이다. 그리고 산 모양山像이라는 웅상雄常을 우주목宇宙木이라 하

- 그리스 델포이신전 옴팔로스 -

는데, 그 모습이 소위 처갓집 말뚝처럼 생겼는지 어쨌는지 늘 궁금하다.

사실 우리는 사직단을 알고 있는 듯이 이야기하지만, 절대로 그렇지 않다. 그리고 이 에세이를 읽으면서 그야말로 팽개쳐 버려져 있는 신라 배동胚洞에 있는 소위 포석정에 대한 생각을 달리 할 수도 있을 것이다.

천문학자 박창범은 이렇게 이야기하였다.

"《삼국사기》에 등장하는 일식 기록을 추려내고 신라, 고구려, 백제 별로 분류해 각 나라가 기록한 일식들을 가장 잘 볼 수 있는 관측지를 각각 찾아보았다. 그러자 도저히 믿을 수 없는 위치가 나왔다. 애초에 삼국의 위치는 익히 우리가 국사 교과서에서 배워 왔던 대로 한반도상에 나타나리라고 예상하고 있었다. 그런데 확인 결과 전연 다른 위치가 튀어나왔다. 신라와 백제의 경우 한반도가 아니라 오늘날의 중국 대륙 동부에 최적 관측지가 나타난 것이다."

신라 서라벌인 경주는 지금 대한민국 경상북도라 하지만, 박창범은 《삼국사기》에 기록된 일식 기록을 조사하여 정확하게 그때는 중국 동부에서의 사건이라 하였다. 하늘 무늬인 천문은 누구도 속일 수가 없는데, 국립대학 교수인 박창범이 다른 이야기를 할 수는 없는 일이 아닌가.

불란서 시민혁명 기수였던 볼테르Volterie(1694-1778)는 '역사는 모두 거짓말'이라 하였다.

어산 박용숙은 내게 이런 줄거리로 경험담을 이야기하였다.

'구내식당에서 점심을 먹는데, 한 여학생은 맞은편에 앉더라는 것이다. 교수나 학생 모두가 당신을 이방인으로 취급하였기 때문에 철저히 혼자였다는 것이다. 그 날도 혼자서 밥을 먹고 있었는데, 얼굴도 모르는 여학생이 마주 앉아 같은 식탁에서 밥을 먹는다는 것은 상당히 이례적인 일이었다고 한다. 그런데 잠시 후, 그 여학생이 식판을 들고 도중에 일어서면서, 식사하는 교수인 자신한테 모욕적인 이야기를 하며 다른 데로 가더라는 것이다.'

어산 박용숙(1935-2018)이 틀린 말을 하는가.

어산 박용숙은 《광장》의 최인훈(1936-2018)과 《똥나라》의 남정현(1933-2020)과 광화문 어느 다방에서 즐겁게 어울리던 때를 회상한다. 그리고 엄혹한 유신시절 미국의 패권주의를 맹렬하게 비판하였던 유약해 보이는 남정현의 패기와 저돌성에 비하면 당신은 아무것도 아니라 한다.

그런데 나는 어산의 용기가 훨씬 엄정하다고 생각한다.

나가면서

나가면서

天符經

一始無始, 一析三極, 無盡本,
天一一, 地一二, 人一三,
一積十鉅, 無匱化,
三, 天二三, 地二三, 人二三,
大三合, 六生七八九運,
三四成環, 五七一妙衍,
萬往萬來, 用變不動本,
本心本太陽,
昻明人中天地一,
一終無終一

천부경

한 해는 삼태三台에서 시작된다.

삼태는 해, 달, 금성이다.

한 해를 이루는 궤도는 세 자리[極]로 나뉘며, 이는 지구궤도의 불변하는 몸통이다.

세 자리에서 빛(하지)을 一이라 하고, 그림자(동지)를 二라 하고, 새벽(춘추분)을 三이라 한다.

지구가 자전하며 공전할 때 새벽별(금성)은 지구에 다가와 궤도[匱]에 간섭한다.

하나가 쌓여서 10으로 커진다는 말은 24시간과 24계절의 이치를 말하며, 이때 지구의

궤도가 타원형(방축)으로 휘게 된다는 뜻이다.

하지와 동지와 춘추분의 세 자리가 크게 합치면 북극에서 신령神靈이 내리고, 북극성이 인솔하는 지구는 자전과 공전의 운행을 하게 된다.

금성과 지구가 가까이 교차하면 지구의 자전축과 태양(흑점)과 북극성의 위상이 묘하게 설정된다.

지구의 궤도는 타원형이지만, 태양은 궤도의 정중앙에 놓이지 않는다는 것을 말한다.

지구의 자전 공전은 무한히 되풀이되면서 궤도에 이변이 생기기도 하지만, 본래의 틀은 그대로 유지된다.

사람의 심장이 있는 자리가 하늘에서 태양이 있는 자리이다.

춘분 때 그 태양을 올려다보면 남남이던 빛(선善)과 그림자(악惡)가 하나가 된다.

무극無極을 이룬다.

끝나는 것이 뒤집혀서 다시 이어진다.

어산 박용숙《천부경》을 의미심장하게 다시 한 번 읽어본다.

그는 이 이야기를 하기 위하여, 많은 시간을 보냈을 것이다.

우주 천문학 이해가《천부경》파악이라는 것이다.

그리고《천부경》의 한반도 조선이 세계사에서 내팽개쳐진 주변국은 절대로 아니라는 주장이다.

천부경81자.

이 경전의 실체를 규명하기 위해서, 많은 사람들이 수많은 이야기를 하고 있다. 누가 맞고, 누가 틀리다 하지는 않겠다.

어산 박용숙의 천문학에 근거한《천부경》과《인부경》이 전부 옳다고 하지도 않겠다. 다만 밝음(명명)을 구현하려는 것이 분명分明하고도 지혜로운 학문 자세일 것이다.

그리고 어산 이야기를 구구절절 완전히 이해하지도 못하고, 오히려 더 어렵게 하였던 부분이 있음을 부정하지 않는다. 왜냐하면 어산의 정통한 세계사에 뿌리를 내린 인문학 깊이와 넓이는 끝이 없기 때문이다. 그리고 그 끝과 처음을 잘 알지도 못하면서도, 무리한 상상으로 덕지덕지 떡칠하였다는 것을 나는 잘 알고 있다. 그래서 더 많은 분석과 이해를 통하여《천부경》참모습에 접근할 것이다.

그리고 천부경81자를 전 세계 학자들이 동시에 모여서 해석을 한다면, 어떤 결과가 나올까 자못 궁금하다. 아마도 이《천부경》이야기는 바로 자기 나라 역사라고 주장하는 학자도 적지 않을 것이다.

그것이 바로《천부경》의 위대함일 것이다.

《천부경》을 말하는 우리나라.

삼천리강산 곳곳에 천부경81자의 의미와 내용이 살아있다고 나는 확신한다.

　견강부회의 억지스러움이 조금이라도 있다면 시정하겠다. 틈날 때마다 《천부경》을 외우면서 다니지만, 이전과 다른 어떤 나의 새로운 실재를 발견하지는 못하였다. 솔직히 알맹이 없는 껍데기만 보듬고 다닌 셈일까. 아니면 《천부경》을 그냥 읽은 것일까.

　그러나 이 이야기는 할 수 있다.

　《훈민정음, 소리를 그리다》와 《천부경을 읽다》에서 조선의 위대함을 확인하였다.

　이러한 소중한 우리 역사를 우리가 버리면 안 된다.

　〈초승달의 나라〉, 〈삼각산과 양수리〉, 〈사직단〉 그리고 〈홍살문〉에 대한 에세이가 우리나라를 말하는 《천부경》을 이해하는 데 조금이라도 도움이 되었으면 한다.

　어산 박용숙은 나에게 새롭고 밝은 이정표였다.

　그는 조선의 큰 밝음(대명大明)을 꿈꾼 사람이다.

　최고의 인문학자.

　진정한 모더니스트, 어산 박용숙이다.